KALENDER

FRAUEN IN DER

GESCHICHTE

Peter K. Stumpf

Meiner, über alles geliebten, Frau Alexandra gewidmet!

JANUAR

01. Januar: 1877: Königin Victoria von Großbritannien wird in Delhi formell zur ersten Kaiserin von Indien proklamiert. Sie selbst hat den Titel schon acht Monate früher angenommen.

02. Januar: 1814: Luise Mühlbach, deutsche Schriftstellerin, Geboren. Luise Mühlbach, Pseudonym für Clara Mundt (* 2. Januar 1814 in Neubrandenburg als Clara Maria Regina Müller; † 26. September 1873 in Berlin) war eine deutsche Unterhaltungs-Schriftstellerin. Ihr Gesamtwerk umfasst 250 Bände. Mehrere ihrer Bücher wurden ins Englische übersetzt und besonders auch in den USA gelesen.

03. Januar: 1750: Helene von Breuning geboren, Bonner Adelige, Förderin von

Ludwig van Beethoven. Helene Genoveva von Breuning (* 3. Januar 1750 in Köln; † 9. Dezember 1838 in Koblenz)war eine Angehörige der Bonner Oberschicht, die Ludwig van Beethoven in gesellschaftliche Kreise einführte und ihm Bildung vermittelte. Sie wurde aufgrund der engen Bindung später als „zweite Mutter" des Komponisten bezeichnet, da sie seinen frühen Werdegang wohlwollend prägte.

04. Januar: 1915: Marie-Louise von Franz geboren, Schweizer Altphilologin und Tiefenpsychologin, Mitarbeiterin von C. G. Jung. Marie-Louise von Franz (* 4. Januar 1915 in München; † 17. Februar 1998 in Küsnacht bei Zürich) war eine Schweizer Altphilologin, Mitarbeiterin von C. G. Jung, praktizierende Psychotherapeutin sowie Dozentin und Lehranalytikerin am C. G. Jung-Institut Zürich. Bekannt ist sie für ihre tiefenpsychologischen Deutungen von Märchen und alchemistischen Texten.

05. Januar: 1925: Nellie Tayloe Ross tritt ihr Amt als Gouverneurin von Wyoming an; sie ist damit die erste Frau in diesem Amt in den Vereinigten Staaten.

06. Januar: 1907: Maria Montessori eröffnet ihre erste Schule und Kindertagesstätte in Rom, die Casa dei Bambini im Armenviertel San Lorenzo. Maria Tecla Artemisia Montessori (* 31. August 1870 in Chiaravalle; † 6. Mai 1952 in Noordwijk aan Zee) war eine italienische Ärztin, Reformpädagogin und Philosophin. Sie entwickelte die Montessoripädagogik.

07. Januar: 1753: Augusta Louise zu Stolberg-Stolberg geboren, Briefpartnerin von Johann Wolfgang von Goethe. Gräfin Augusta Louise zu Stolberg-Stolberg (* 7. Januar 1753 in Bad Bramstedt; † 30. Mai 1835 in Kiel) wurde durch ihren regen

Briefwechsel mit dem Dichter Johann Wolfgang von Goethe bekannt und ging als Goethes Gustchen in die Literaturgeschichte ein.

08. Januar: 1755: Charlotte von Hezel geboren, deutsche Schriftstellerin, Redakteurin und Journalistin. Charlotte Henriette Hezel, auch Charlotte von Hezel (geborene Schwabe; * 8. Januar 1755 in Ilmenau; † 3. April 1817 in Dorpat) war eine deutsche Schriftstellerin, Redakteurin und Journalistin. Sie war die erste Frau, die unter eigenem Namen eine Zeitschrift herausgab. Mit ihrem Wochenblatt für's Schöne Geschlecht wollte sie zur Frauenbildung beitragen und anderen Autoren eine Möglichkeit zur Veröffentlichung bieten.

09. Januar: 1802: Catharine Parr Traill geboren, britisch-kanadische Botanikerin und Autorin.

10. Januar: 1797: Annette von Droste-Hülshoff geboren, deutsche Schriftstellerin. Annette von Droste-Hülshoff (* 10. Januar 1797, auf Burg Hülshoff bei Münster als Anna Elisabeth Franzisca Adolphina Wilhelmina Ludovica Freiin von Droste zu Hülshoff; † 24. Mai 1848 auf der Burg Meersburg in Meersburg) war eine deutsche Schriftstellerin und Komponistin. Sie gehört zu den bedeutendsten deutschsprachigen Dichtern des 19. Jahrhunderts.

11. Januar: 1935: Amelia Earhart gelingt als erstem Menschen ein Alleinflug von Honolulu, Hawaii, nach Oakland, Kalifornien. Amelia Mary Earhart (* 24. Juli 1897 in Atchison, Kansas; verschollen am 2. Juli 1937 im Pazifischen Ozean, für tot erklärt am 5. Januar 1939) war eine US-amerikanische Flugpionierin und Frauenrechtlerin.

12. Januar: 1932: In Arkansas gewinnt Hattie Caraway die Wahl zum Senat der Vereinigten Staaten. Sie wird Amtsnachfolgerin ihres gestorbenen Mannes Thaddeus H. Caraway und ist die erste eine volle Wahlperiode dem Gremium angehörige Frau.

13. Januar: 1381: Colette von Corbie geboren, französische Äbtissin der Klarissinnen, katholische Heilige. Colette von Corbie (* als Nicolette Boilet 13. Januar 1381 in Corbie; † 6. März 1447 in Gent) war eine französische Äbtissin und Erneuerin des Ordens der Klarissinnen, indem sie die Colettinischen Klarissen (Arme Klarissen) gründete. Sie ist eine Heilige der römisch-katholischen Kirche, seliggesprochen am 23. Januar 1740 durch Papst Clemens XII. und heiliggesprochen durch Papst Pius VII. am 24. Mai 1807. Sie wird angesehen als Patronin werdender Mütter und kranker Kinder.

14. Januar: 1980: Indira Gandhi löst Chaudhary Charan Singh als Premierminister in Indien ab, nachdem ihre Kongresspartei in den vorausgegangenen Wahlen gesiegt hat. Indira Priyadarshini Gandhi (* 19. November 1917 als Indira Priyadarshini Nehru in Allahabad; † 31. Oktober 1984 in Neu-Delhi) war eine indische Politikerin, die von 1966 bis 1977 und erneut von 1980 bis 1984 als Premierministerin Indiens amtierte. Sie starb durch ein Attentat.

15. Januar: 1559: Elisabeth I. wird in der Westminster Abbey zur Königin von England und Irland gekrönt. Unter ihrer Regentschaft wird England eine Weltmacht.

16. Januar: 1622: Anna Margareta Wrangel geboren, Ehefrau des schwedischen Staatsmannes Carl Gustav Wrangel. Anna Margareta stiftete in ihrem Testament zum Andenken ihrer Geburts-Stadt Calbe 500 Taler, deren Zinsertrag alljährlich am 1. Juni, ihrem Hochzeitstag, an die Bedürftigen verteilt wurde.

17. Januar: 1829: Catherine Booth geboren, Frau William Booths, des Gründers der Heilsarmee. († 4. Oktober 1890 in Clacton-on-Sea, Essex, England) An der Gründung und Organisation der Heilsarmee war sie wesentlich beteiligt. Sie gilt als Vorkämpferin für Frauenrechte.

18. Januar: 1519: Isabella Jagiellonica geboren, polnisch-litauische Prinzessin, Königin von Ungarn. Nach der Einnahme von Buda durch die Truppen des Osmanischen Reiches 1541 hatte sie vom Sultan Süleyman I. Siebenbürgen als

Herrschaftsgebiet zugewiesen bekommen, wo sie im Namen ihres unmündigen Sohnes regierte.

19. Januar: 1854: Elisabeth Dauthendey geboren, deutsche Schriftstellerin. Elisabeth Dauthendey († 18. April 1943 in Würzburg) war eine deutsche Schriftstellerin. Erfolgreich war sie vor allem mit ihren Märchen und Novellen, die eine mythische bis mystische Phantasiewelt entwarfen. Weniger bekannt waren ihre Romane und ihr Essay Vom neuen Weibe und seiner Liebe (1900), die sich mit der Frauenfrage und dem Problem der Ehe auseinandersetzten.

20. Januar: 1879: Ruth St. Denis geboren, US-amerikanische Tänzerin, Choreographin und Pädagogin.

21. Januar: 1675: Franziska Sibylla Augusta von Sachsen-Lauenburg geboren, Regentin von Baden. Franziska Sibylla Augusta von Sachsen-Lauenburg († 10. Juli 1733 in Ettlingen) war Ehefrau des Markgrafen Ludwig Wilhelm von Baden-Baden und nach dessen Tod von 1707 bis 1727 Regentin der Markgrafschaft Baden-Baden. Sie war Bauherrin des Schlosses Favorite in Rastatt, des Ettlinger Schlosses und der Schlosskirche des Schlosses Rastatt.

22. Januar: 1842: Marie von Schleinitz geboren, preußisch-österreichische Salonière in Berlin. Marie Gräfin von Schleinitz-Wolkenstein, geb. von Buch († 18. Mai 1912 in Berlin) war eine der bedeutendsten Berliner Salonnièren in der zweiten Hälfte des 19. Jahrhunderts und die wichtigste Gönnerin Richard Wagners.

23. Januar: 1849: Elizabeth Blackwell wird nach ihrer Promotion die erste Ärztin in den USA. Elizabeth Blackwell (* 3. Februar 1821 in Counterslip, England; † 31. Mai 1910 in Kilmun, Schottland) war eine der ersten Ärztinnen mit Hochschulabschluss. Neben ihrem Einsatz für das Frauenstudium leistete sie Pionierarbeit in der Präventivmedizin und der Gesundheitspolitik. Wie ihr Bruder Henry Blackwell und dessen Frau Lucy Stone setzte sie sich zudem für die Abschaffung der Sklaverei ein.

24. Januar: 1737: Anna Christina Ehrenfried von Balthasar, deutsche Akademikerin. Anna Christina Ehrenfried von Balthasar († 5. Juli 1808 in Richtenberg) war eine der wenigen Frauen, denen im 18. Jahrhundert ein Akademischer Grad verliehen wurde.

25. Januar: 1890: Die US-Journalistin Nellie Bly vollendet ihre Reise um die Welt auf den Spuren Phileas Foggs am 73. Tag. Elizabeth Jane Cochran(e) (* 5. Mai 1864 - † 27. Januar 1922), besser bekannt unter ihrem Pseudonym Nellie Bly, war eine US-amerikanische Journalistin und Weltreisende. Sie war eine Pionierin des investigativen Journalismus und verkörperte mit ihren Reportagen und Erlebnisberichten den neuen Ton der damaligen Zeit.

26. Januar: 1898: Hildegard Domizlaff geboren, deutsche Bildhauerin, Holzschnitt- und Schmuckkünstlerin. Hildegard Domizlaff (* 26. Januar 1898 - † 22. Februar 1987) war eine deutsche Bildhauerin, Medailleurin, Holzschnitt- und Schmuckkünstlerin, die in Köln lebte und arbeitete. Ihre zumeist religiösen Kunstwerke und für den religiösen Ritus geschaffenen Werke entstanden seit 1927.

27. Januar: 1748: Marie Anne George geboren, französische Hugenottin in Berlin. Marie Anne Du Titre (* 27. Januar 1748 - † 22. Juli 1827) gehörte der französischen Kolonie in Berlin an. Wegen ihres besonderen Mutterwitzes, ihrer Unbefangenheit bei deutlichem Mangel an formaler Bildung und wegen ihres urwüchsigen Dialektes ging sie als Berliner Original in die Stadtgeschichte ein.

28. Januar: 1813: Die britische Schriftstellerin Jane Austen veröffentlicht anonym ihren Roman Stolz und Vorurteil. Jane Austen (* 16. Dezember 1775 - † 18. Juli 1817) war eine britische Schriftstellerin aus der Zeit der Regency, deren Hauptwerke Stolz und Vorurteil und Emma zu den Klassikern der englischen Literatur gehören.

29. Januar: 1867: Elisabeth Büchsel geboren, deutsche Malerin. Elisabeth Büchsel († 3. Juli 1957 vollständiger Name Elisabeth Charlotte Helene Emilie Büchsel) war eine deutsche Malerin. Nach künstlerischer Ausbildung unter anderem in Berlin und Paris lebte und arbeitete sie ab 1904 auf der Insel Hiddensee und in ihrer Heimatstadt Stralsund.

30. Januar: 1757: Luise von Hessen-Darmstadt geboren, Großherzogin von Sachsen-Weimar; „Retterin" Weimars vor Napoleons Truppen. Luise von Hessen-Darmstadt († 14. Februar 1830) war seit dem 3. Oktober 1775 die Gemahlin des Herzogs und späteren Großherzogs Carl August von Sachsen-Weimar und als solche Teil des höfischen Personenkreises im Umfeld der Weimarer Klassik.

31. Januar: 1873: Melitta Bentz geboren, deutsche

Unternehmensgründerin, Erfinderin des Kaffeefilters.

FEBRUAR

01. Februar: 1899: Lina Hähnle gründet in Stuttgart den Bund für Vogelschutz, der heute als Naturschutzbund Deutschland bekannt ist. Lina Hähnle (* 3. Februar 1851 als Emilie Karoline Hähnle; † 1. Februar 1941) war die Gründerin und für fast 40 Jahre Vorsitzende des Bundes für Vogelschutz (BfV). Von diesem Amt rührt ihr Spitzname Deutsche Vogelmutter her.

02. Februar: 1753: Catherine Hübscher geboren, elsässische Wäscherin, Herzogin von Danzig. Ihr Ehemann unterstützte Napoléon Bonaparte beim Staatsstreich dadurch stieg Madame Lefebvre als Frau des Napoleonischen Generals in der Pariser

Gesellschaft auf. Im Jahre 1800 wurde der Erste Konsul der Französischen Republik und anschließend bis 1814 Kaiser der Franzosen auf Madame Lefebvre aufmerksam – ihr Charme und Witz bezauberten ihn. Vielleicht war ihm dabei auch wichtig, dass sie sich nicht für Politik interessierte und Hofintrigen mied.

03. Februar: 1763: Caroline von Wolzogen geboren, deutsche Schriftstellerin. Caroline von Wolzogen (geborene Sophie Caroline Auguste von Lengefeld; * 3. Februar 1763 ; † 11. Januar 1847) war eine Romanautorin. Bekannt wurde sie durch ihren Roman Agnes von Lilien. Sie war die Schwägerin Friedrich Schillers.

04. Februar: 1629: Sibylla Ursula von Braunschweig-Wolfenbüttel geboren, Herzogin von Schleswig-Holstein-Sonderburg-Glücksburg. Sie zögerte die

eigene Heirat hinaus, plante unverheiratet zu sterben und verfasste Theaterstücke, Gedichte, Prosaschauspiele und übersetzte, so etwa um 1649 die Einleitung zur wahren Weisheit von Juan Luis Vives. Ein von ihr verwendetes Pseudonym war Die Befreiende. In ihrem Frühwerk spielten Frömmigkeit, höfisches Ethos und Moral eine wichtige Rolle. Später wandte sie sich noch stärker religiösen Meditationen hin (Geistliches Kleeblatt, 1655; zweibändige Seuffzer, 1647–1668), in denen sich auch der Wandel ihrer inneren Geisteswelt spiegelte. Sie übersetzte 1656 die Cassandre und 1659 die Cléopatre von La Calprenède. Als ihr eigenes literarisches Hauptwerk gilt die Urfassung der Aramena, vermutlich inspiriert durch Calprenèdes Pharamond.

05. Februar: 1848: Belle Starr geboren, US-amerikanische Räuberbraut. Belle Starr (eigentlich: Myra Maybelle Shirley; * 5. Februar 1848 ; † 3. Februar 1889) zählt zu

den berühmtesten Räuberbräuten des Wilden Westens. Drei ihrer Ehemänner, einer ihrer Liebhaber und sie selbst starben eines gewaltsamen Todes. Die abenteuerliche Lebensgeschichte der amerikanischen Banditenkönigin wurde – nicht immer wahrheitsgemäß – in Büchern und Filmen dargestellt. Die Angaben über ihre Ehemänner, Liebhaber und ihre Beteiligung an kriminellen Handlungen differieren häufig.

06. Februar: 1952: Elisabeth II. wird nach dem Tod ihres Vaters Georg VI. Königin und Staatsoberhaupt des Vereinigten Königreichs und verschiedener anderer Länder des Commonwealth. Sie erfährt davon, nachdem sie in Kenia die Nacht im Treetops Hotel verbracht hat.

07. Februar: 1697: Anna Maria Christmann geboren, deutsche Soldatin. Als im Mai 1715 in Stuttgart Soldaten für das

neu gegründete herzogliche Leibregiment „Alt-Württemberg" des Herzogs Eberhard Ludwig von Württemberg gesucht wurden, verkleidete sich Anna Maria Christmann erneut als Mann und ließ sich unter dem Namen ihres Vaters als Thomas Christmann anwerben. Ihr Regiment wurde zur Verstärkung der Truppen des österreichischen Feldmarschalls Prinz Eugen von Savoyen im Kampf gegen die osmanische Armee nach Ungarn geschickt. Dort nahm Anna Maria Christmann als Musketier im August 1716 zunächst an der Schlacht von Peterwardein und ein Jahr später im Sommer 1717 auch an der entscheidenden Schlacht von Belgrad 1717 teil, wobei sie auch einige Blessuren erlitt. Über die tapfere Kämpferin wurde folgende kleine Geschichte überliefert:

„In diesem Kriege erbeutete sie von einem türkischen Offizier einen kostbaren Säbel, welchen ihr der Hauptmann D. um 100 Gulden abhandelte; als sie aber das Geld forderte, ließ er ihr hundert Stockschläge geben."

Nach diesem Vorfall desertierte Anna Maria Christmann zusammen mit einem anderen Soldaten. Sie wurde bald darauf gefangen genommen und zum Tod durch den Strang verurteilt. Erst zu diesem Zeitpunkt gab sie sich als Frau zu erkennen und bat um ihr Leben. Nach ihrer Begnadigung wurde sie ehrenvoll aus dem Militär entlassen.

08. Februar: 1876: Paula Modersohn-Becker geboren, deutsche Malerin des Expressionismus. Paula Modersohn-Becker, geborene Minna Hermine Paula Becker, (* 8. Februar 1876 ; † 20. November 1907) war eine deutsche Malerin und eine der bedeutendsten Vertreterinnen des frühen Expressionismus. In den knapp 14 Jahren, in denen sie künstlerisch tätig war, schuf sie 750 Gemälde, etwa 1000 Zeichnungen und 13 Radierungen, die kennzeichnende Aspekte der Kunst des frühen 20. Jahrhunderts in sich vereinen.

09. Februar: 1907: In London demonstrieren 3000 britische Suffragetten für die Einführung des Stimmrechts für Frauen, an ihrer Spitze Lady Frances Balfour und Lady Millicent Garrett Fawcett. Als Suffragetten (von englisch/französisch suffrage „Wahlrecht") wurden Anfang des 20. Jahrhunderts mehr oder weniger organisierte Frauenrechtlerinnen in Großbritannien und den Vereinigten Staaten bezeichnet , die vor allem mit passivem Widerstand und mit Störungen offizieller Veranstaltungen bis hin zu Hungerstreiks für ein allgemeines Frauenwahlrecht eintraten. Die Suffragettenbewegung wurde überwiegend von Frauen aus dem Bürgertum getragen. Die Bezeichnung Suffragetten wurde ursprünglich von der englischen Presse geprägt, um die Wahlrechts-Aktivistinnen herabzuwürdigen und abzuwerten, wurde von diesen jedoch erfolgreich für sich als Selbstbezeichnung vereinnahmt. Im Nachlauf der Bewegung wurde die Bezeichnung erneut abwertend für

engagierte Frauenrechtlerinnen verwendet, ähnlich wie heute der Ausdruck „Emanze" in seiner ursprünglich abwertenden Bedeutung.

10. Februar: 1758: Amalia Holst geboren, deutsche Pädagogin und Frauenrechtlerin. Amalia Holst (geborene von Justi; * 10. Februar 1758 ; † 1829) setzte sich für eine Bildung im Geiste der Aufklärung ein und war Verfechterin der Frauenbildung.

11. Februar: 1939: Die Physikerin Lise Meitner beschreibt (mit einem Kollegen) in der erschienenen Ausgabe der Wissenschaftszeitschrift Nature theoretische Überlegungen nach der Entdeckung der Kernspaltung und sorgt damit in der Fachwelt für Aufsehen. Neben den allgemein bekannten Arbeiten erweiterte Lise Meitner vor allem die Kenntnis über das Wesen der

Radioaktivität. Die meisten ihrer Arbeiten waren Untersuchungen der Radioaktivität, insbesondere der Alpha- und Betastrahlung. Dabei konzentrierte sie sich auf die Wirkung dieser Strahlen auf verschiedene Materialien. Sie entdeckte gemeinsam mit Otto Hahn eine Reihe radioaktiver Isotope, darunter Protactinium 231, Actinium C und Thorium D.

12. Februar: 1734: Johanna Melber geboren, Frankfurter Bürgerin, Tante Johann Wolfgang von Goethes. Johanna Maria Melber (* 12. Februar 1734 ; † 7. November 1823) war eine Frankfurter Bürgerin. Johann Wolfgang von Goethe setzte seiner lustigen Tante Melber in Aus meinem Leben. Dichtung und Wahrheit ein literarisches Denkmal.

13. Februar: 1457: Maria von Burgund geboren, Herzogin von Burgund, Ehefrau von Maximilian von Habsburg, Kaiser des

Heiligen Römischen Reiches. Maria von Burgund (* 13. Februar 1457 ; † 27. März 1482) war das einzige Kind und die Alleinerbin Herzog Karls des Kühnen. Nach dem Tod ihres Vaters im Januar 1477 wurde sie Herzogin von Burgund und musste ihre Erbrechte gegen die Ansprüche König Ludwigs XI. von Frankreich verteidigen. Zur Stärkung ihrer Position heiratete sie am 19. August 1477 Maximilian I. Erzherzog von Österreich, der Herzog von Burgund wurde und so den Anspruch auf das burgundische Erbe Karls des Kühnen erwarb. Maria starb im Alter von nur 25 Jahren an den Folgen eines Reitunfalls. Sie war die Großmutter der Kaiser Karl V. und Ferdinand I.

14. Februar: 1862: Agnes Pockels geboren, deutsche Physikerin und Chemikerin. Agnes Luise Wilhelmine Pockels (* 14. Februar 1862 ; † 21. November 1935) war eine deutsche Physikochemikerin. Am 27. Januar 1932

wurde Pockels von der Technischen Hochschule Braunschweig für ihre bahnbrechenden Forschungen zur Oberflächenchemie als erster Frau die Ehrendoktorwürde Dr. Ing. h. c. verliehen.

15. Februar: 1820: Susan B. Anthony gerboren, US-amerikanische Pionierin der Frauenrechtsbewegung. Susan Brownell Anthony (* 15. Februar 1820 ; † 13. März 1906) war eine US-amerikanische Sozialreformerin und Frauenrechtsaktivistin, die eine herausragende Bedeutung in der Frauenwahlrechtsbewegung hatte. In eine Quäker-Familie hineingeboren, die der gesellschaftlichen Gleichheit verpflichtet war, sammelte sie schon im Alter von 17 Jahren Unterschriften für die „Anti-Sklaverei-Bewegung". 1856 wurde sie die Agentin für die American Anti-Slavery Society im Staat New York.

16. Februar: 1906: Vera Menchik geboren, tschechisch-britische Schachspielerin. Vera Menchik (Vera Menchik-Stephenson, * 16. Februar 1906; † 27. Juni 1944) war eine tschechisch-britische Schachspielerin und die erste Schachweltmeisterin der Geschichte. Den Titel der Weltmeisterin verteidigte sie mehrfach, unter anderem 1937 gegen die Deutsche Sonja Graf, und behielt ihn bis zu ihrem Tod 1944. Am 19. Oktober 1937 heiratete sie Rufus Henry Streatfeild Stevenson, den Subskriptionsleiter des British Chess Magazine und späteren Funktionär der British Chess Federation.

17. Februar: 1847: Alice von Rothschild geboren, deutsche Botanikerin. Alice Charlotte von Rothschild (* 17. Februar 1847 ; † 3. Mai 1922) war ein prominentes Familienmitglied der Bankiersfamilie Rothschild von Österreich, Botanikerin und Gartenbauerin.

18. Februar: 1826: Lea Ahlborn geboren, schwedische Künstlerin. Lea Frederika Ahlborn (* 18. Februar 1826 ; † 13. November 1897) war eine schwedische Künstlerin und Mitglied der Königlichen Kunstakademie. Sie war die erste schwedische Frau, die im Staatsdienst Münzen gravierte. 1855 wurde Lea Ahlborn als erste Frau des Landes Angestellte bei der staatlichen Münze und im selben Jahr wurde sie zum Mitglied der Königlichen Kunstakademie gewählt. Sie erhielt Aufträge von der Schwedischen Akademie, der Wissenschaftsakademie und dem königlichen Wohltätigkeitsverein Pro Patria. Unter ihren Werken finden sich beispielsweise eine Medaille zur Silberhochzeit des schwedischen Königspaares, eine Medaille zum hundertjährigen Jubiläum des Amerikanischen Unabhängigkeitskrieges mit Darstellung George Washingtons und eine Medaille zum 400. Jahrestag der

Entdeckung Amerikas durch Christoph Kolumbus.

19. Februar: 1919: Marie Juchacz hält vor der Weimarer Nationalversammlung als erste Frau in einem deutschen Parlament eine Rede. Marie Juchacz (geborene Gohlke; * 15. März 1879 ; † 28. Januar 1956) war eine deutsche Sozialreformerin, Sozialdemokratin und Frauenrechtlerin. Unter ihrer Leitung wurde am 13. Dezember 1919 die Arbeiterwohlfahrt gegründet. Nach der Einführung des passiven Wahlrechts für Frauen hielt sie am 19. Februar 1919 in der Weimarer Nationalversammlung als erste Frau eine Rede.

20. Februar: 1875: Marie Marvingt geboren, französische Pilotin. Marie Félicie Elisabeth Marvingt (* 20. Februar 1875 ; † 14. Dezember 1963) war eine französische Pilotin, Krankenschwester und Sportlerin.

Sie war die zweite Frau, die in Frankreich ihre Flugprüfung ablegte. Von ihr stammt der Einfall, Flugzeuge für die Rettung und medizinische Versorgung Verwundeter und Kranker aus der Luft einzusetzen.

21. Februar: 1837: Rosalía de Castro geboren, spanische Dichterin. Rosalía de Castro (* 21. Februar 1837; † 15. Juli 1885) war eine spanische Schriftstellerin und Lyrikerin, die mit ihren Werken zur Wiederaufwertung der galicischen Sprache beitrug.

22. Februar: 1817: Ottilie Wildermuth geboren, deutsche Schriftstellerin. Ottilie Wildermuth, geb. Rooschüz (* 22. Februar 1817 ; † 12. Juli 1877) war eine deutsche Schriftstellerin und Jugendbuchautorin. Neben E. Marlitt und Marie Nathusius gehörte sie zu den meistgelesenen Schriftstellerinnen des 19. Jahrhunderts.

23. Februar: 1850: Adele Rautenstrauch geboren, deutsche Mäzenatin und Stifterin. Anna Maria Adele Rautenstrauch, geb. Joest (* 23. Februar 1850 ; † 30. Dezember 1903) war eine deutsche Mäzenatin und Stifterin. Sie schenkte der Stadt Köln die ererbte ethnologische Sammlung ihres Bruders Wilhelm Joest, die noch heute den Grundstock des Rautenstrauch-Joest-Museums in Köln bildet.

24. Februar: 1699: Rahel Louise von Hoym geboren, Großgrundbesitzerin im Kurfürstentum Sachsen. Rahel Louise Gräfin von Hoym, geborene Gräfin von Werthern (* 24. Februar 1699 ; † 15. Juli 1764) war eine deutsche Großgrundbesitzerin, die im Kurfürstentum Sachsen mehrere Rittergüter mit Ländereien und ein bedeutendes Stadtpalais besaß.

25. Februar: 1836: Pauline von Metternich geboren, begründete einen literarischen Salon in Wien. Pauline Clementine Marie Walburga Fürstin von Metternich-Winneburg zu Beilstein, geborene Gräfin Sándor von Szlavnicza, (* 25. Februar 1836 ; † 28. September 1921) war eine österreichische Salonnière, die vor allem in Paris und Wien wirkte. Sie war eine Unterstützerin von Richard Wagner.

26. Februar: 1897: Elizabeth Asquith geboren, britische Schriftstellerin und Prinzessin Bibesco de Brancovan. In den Jahren von 1921 bis 1940 schrieb Elizabeth Bibesco de Brancovan mehrere Kurzgeschichten, vier Romane, zwei Theaterstücke und ein Buch über Poesie. In dieser Zeit führte sie einen regen Briefkontakt mit den Schriftstellerinnen Virginia Woolf und Katherine Mansfield. Während des Zweiten Weltkriegs lebte sie auf dem Familiensitz in Rumänien, wo sie im April 1945 an den Folgen einer Lungenentzündung starb.

27. Februar: 1926: Elisabeth Borchers geboren (gest. 25. September 2013) deutsche Schriftstellerin. Sie verfasste Lyrikbände und zahlreiche Kinderbücher. Außerdem wurde sie als Herausgeberin einer Vielzahl von literarischen Anthologien mit Texten für Kinder und Erwachsene bekannt. Sie übersetzte aus dem Französischen, unter anderem den Roman Paulina 1880 von Pierre Jean Jouve.

28. Februar: 1872: Marjana Domaškojc geboren, sorbische Dichterin und Schriftstellerin. Ab 1925 schrieb sie für verschiedene wendische Zeitungen und Zeitschriften Berichte und vor allem Gedichte. In ihren Gedichten flossen vor allem ihre Eindrücke der heimischen Natur und des dörflichen Lebens aus religiöser Sicht ein. Außerdem schrieb sie auch

patriotische Gedichte, in denen sie sich mit der damaligen Situation der Sorben und Wenden kritisch auseinandersetzte.

29. Februar: 1736: Ann Lee geboren, Gründerin der US-amerikanischen Freikirche der Shaker. Ann Lee (* 29. Februar 1736 ; † 8. September 1784) war die Gründerin der amerikanischen Freikirche der Shaker, einer der ungewöhnlichsten, langlebigsten und zugleich bekanntesten christlichen Gemeinschaften in der Geschichte der religiösen Utopismen in den USA. Von den Shakern wird sie als „Mutter Ann" bezeichnet.

MÄRZ

01. März: 1801: Henriette Davidis geboren, deutsche Köchin und

Kochbuchautorin. Johanna Friederika Henriette Katharina Davidis (* 1. März 1801; † 3. April 1876) gilt als berühmteste Kochbuchautorin Deutschlands. Obwohl zu ihrer Zeit bereits viele ähnliche Kochbücher erschienen waren und unter anderem das Allgemeine deutsche Kochbuch für bürgerliche Haushaltungen von Sophie Wilhelmine Scheibler mehrfach neu aufgelegt wurde, entwickelte sich Davidis' Praktisches Kochbuch zum wichtigsten Kochbuch des späten 19. und frühen 20. Jahrhunderts, das zur Grundausstattung vieler deutscher Haushalte gehörte. Die vielen heute noch antiquarisch erhältlichen Exemplare zeigen, dass das Buch rege benutzt und mit Anmerkungen versehen wurde. Viele Familien vererbten das Praktische Kochbuch von Generation zu Generation weiter.

02. März: 1778: Friederike zu Mecklenburg-Strelitz geboren(gest.29. Juni 1841), Herzogin zu Mecklenburg, Prinzessin

von Preußen, Prinzessin zu Solms-Braunfels und Königin von Hannover. Jüngere Schwester der preußischen Königin Luise.

03. März: 1746: Izabela Czartoryska, polnisch-pommersche Adelige geboren(gest. 17. Juni 1835). Sie wirkte als Schriftstellerin, Philanthropin, Mäzenin, Salonnière und Kunstsammlerin und begründete die Sammlungen des späteren Czartoryski-Museums, des ersten polnischen Nationalmuseums.

04. März: 1749: Caroline Friederike Friedrich geboren, deutsche Malerin. Nach dem Eigenstudium in der Natur spezialisierte sie sich auf Stillleben, deren Qualität sich auch in akademischen Kreisen herumsprach. Der kunstaffine sächsische Diplomat Christian Ludwig von Hagedorn setzte sich energisch für Caroline ein, sodass die Kurfürstlich Sächsische Kunstakademie in Dresden ihr ab 1770 ein

Stipendium für hoffnungsvolle Kunsttalente mit einer jährlichen Gratifikation von 25 Talern zuerkannte, die 1777 auf 47 und 1783 nochmals auf 78 Taler erhöht wurde. 1774 wurde sie zum Ehrenmitglied der Akademie ernannt, und als Unterlehrerin für Stillleben gab sie dort seit 1783 als einzige Frau Unterricht. Zu ihren besten Schülern gehörten – neben drei weiteren Frauen – auch Caroline Theresia Richter (1777–1865) sowie ihre Neffen, der Blumen- und Miniaturenmaler Carl Jacob Benjamin Friedrich (1787–1840) und Johann Heinrich August Friedrich (1789–1843). Caroline unterrichtete zudem den jungen Gottlob Michael Wentzel im Zeichnen, nachdem dieser die Zeichenklasse der Akademie besucht hatte. Ab 1776 beteiligte sie sich regelmäßig an den Akademieausstellungen, zu denen sie ausschließlich Stillleben entsandte. In ihren organischen Arrangements in Öl und auch in der Gouache-Technik kombinierte sie vorzugsweise Blumen, Früchte, Insekten sowie Nahrungsmittel, deren Meisterschaft zeitgenössische Kunstkritiker zu Vergleichen mit dem niederländischen Stillleben-Maler Jan van Huysum animierten.Im Gegensatz zu den eher sachlicheren Pflanzendarstellungen ihres Bruders Jacob entfalten sich Carolines Tempera-Pinselzeichnungen auf Tonpapier prachtvoller und farbenfreudiger.

05. März: 1852: Isabella Augusta Gregory geboren, irische Schriftstellerin. Isabella Augusta, Lady Gregory (* 5. März 1852 ; † 22. Mai 1932) war eine irische Dramatikerin und Folkloristin. Gemeinsam mit William Butler Yeats und anderen gründete sie das Irish Literary Theatre sowie das Abbey Theatre und verfasste eine Reihe von Kurzgeschichten. Sie schrieb auch Bücher über Geschichten aus der irischen Mythologie. Lady Gregory gehörte eigentlich zu einer Gesellschaftsschicht, die nahe mit der britischen Herrschaft in Irland in Verbindung stand, doch ihre kulturelle Verbundenheit mit der irischen Geschichte

und Kultur und zum irischen Nationalismus sind symbolisch für die politische Wandlung in Irland während ihrer Lebenszeit. Gregory war die Tante des irischen Kunstsammlers und Gründers der Hugh Lane Gallery in Dublin, Sir Hugh Lane.

06. März: 1754: Josepha Duschek geboren, Sängerin, Pianistin und Komponistin. Josepha Duschek geb. Hambacher, (6. März 1754 – 8. Januar 1824) war eine der berühmtesten Sängerinnen klassischer Musik ihrer Zeit, auch Pianistin und Komponistin. Sie sang für eine Reihe von Staatsoberhäuptern in Wien, Dresden und Warschau. Sowohl Mozart als auch Beethoven komponierten Arien für sie.

07. März: 1858: Cecilie Thoresen geboren. Ida Cecilie Thoresen Krog (* 7. März 1858 in Eidsvoll; † 13. November 1911) war eine norwegische Frauenrechtlerin. Bekanntheit erlangte sie

vor allem dadurch, dass sie 1882 als erste Frau ihres Landes das Abitur ablegte. Anschließend schrieb sie sich als erste Studentin Norwegens an der Universität ein.

08. März: 1910: In Frankreich wird Élise Deroche als weltweit erster Frau ein Flugzeugführerpatent ausgestellt, nachdem sie die Pilotenprüfung des Aéro Club de France bestanden hat. Élise Léontine Deroche (* 22. August 1882 ; † 18. Juli 1919 ; auch bekannt als Baronin Raymonde de Laroche) war auch die erste Frau, die einen Alleinflug unternahm.

09. März: 1839: Maria Zanders geboren, deutsche Unternehmerin und Kulturstifterin. Nach dem frühen Tod ihres Mannes im Jahr 1870 sah sie es als wichtigste Aufgabe an, die Papierfabrik J. W. Zanders weiterzuführen und damit für ihre Kinder zu erhalten. Die Weltausstellung

1873 in Wien brachte dem Unternehmen mit der Medaille für Fortschritt die Anerkennung für seine fleißige Entwicklung, an der zweifellos auch der verstorbene Ehemann Verdienste hatte. 1876 kaufte Zanders die Papierfabrik in der Dombach, heute Papiermuseum Alte Dombach. Zu weiteren Ankäufen und Neuanlagen kam eine weitere Vergrößerung der Strohstofffabrik. 1881 waren 735 Arbeiter beschäftigt. 1886 traten die beiden Söhne Richard und Hans Wilhelm in das Unternehmen ein.

10. März: 1776: Luise von Mecklenburg-Strelitz geboren, preußische Königin. Luise Herzogin zu Mecklenburg - Strelitz vollständiger Name: Luise Auguste Wilhelmine Amalie Herzogin zu Mecklenburg (* 10. März 1776 ; † 19. Juli 1810), war die Gemahlin König Friedrich Wilhelms III. von Preußen. Am 6. Juli 1807 traf sich Königin Luise mit Napoleon in Tilsit

um ihm von besseren Friedensbedingungen zu überzeugen (Bittgang für Preußen).

11. März: 1785: Eleonore Prochaska geboren,(gest. 5. Oktober 1813) deutsche Freiheitskämpferin. Ende Juni 1813 trug sie sich unter dem Namen August Renz in die Stammrolle des Jägerdetachements des 1. Bataillons des Lützowschen Freikorps ein. In der Schlacht an der Göhrde wurde sie durch eine Kartätsche schwer verwundet, als sie versuchte, einen verletzten Kameraden aus der Kampflinie zu tragen. Ein herbeigeeilter Vorgesetzter,der ihre Wunden versorgte, entdeckte ihr wahres Geschlecht und ließ sie in ein Bürgerhaus nach Dannenberg bringen, wo sie drei Wochen später ihren Verletzungen erlag.

12. März: 1819: Henriette Nissen-Saloman   geboren,   schwedische Opernsängerin. Henriette Nissen-Saloman, geborene Henriette Nissen, (* 12. März

1819 ; † 27. August 1879) war eine schwedische Opernsängerin (Mezzosopran). Ab 1859 unterrichtete Nissen Gesang am Konservatorium von Sankt Petersburg. 1881 erschien ihr Lehrbuch Das Studium des Gesanges, das auch in französischer und russischer Übersetzung verlegt wurde.

13. März: 1832: Olympe Audouard geboren, französische Frauenrechtlerin. Olympe Audouard, geborene Félicité-Olympe de Jouval (* 13. März 1832 ; † 12. Januar 1890), war in der zweiten Hälfte des 19. Jahrhunderts eine der wichtigsten Vertreterinnen der feministischen Bewegung in Frankreich. In einer Unzahl von Vorträgen und Publikationen widmete sie sich neben allgemeinen Reformen in der bürgerlichen Gesetzgebung besonders dem Thema der Ehescheidung und der Frage der Gleichstellung der Frauen.

14. März: 1481: Margarete Peutinger geboren, (gest. 1552) Memminger/Augsburger Bürgerin, Humanistin und Numismatikerin. Margarete war eine hochgebildete Frau und wie ihr Mann humanistisch gesinnt; eine Eigenschaft, die dieser in Briefen an Zeitgenossen pries, da er so eine Anhängerin und Parteigängerin gewonnen habe. Er hoffte, auf diese Weise zu einer humanistischen Frauenkultur ähnlich der in Italien beizutragen. Entsprechend förderte er sie nach Kräften und gab ihr einen eigenen Schreibtisch in der Studierstube. In einem Brief an Erasmus von Rotterdam berichtete er von ihrem textkritischen, mehrsprachigen Studium von dessen Bibelexegese.

15. März: 1806: Amalie Baader geboren (gest. 15. Oktober 1877), deutsche Schriftstellerin und Vereinsgründerin. Baader unterstützte zeitlebens Arme und Kranke. Sie wurde am 29. Januar 1851

Mitbegründerin des ersten katholischen St. Vincentius-Vereins in Baden, dem sie bis kurz vor ihrem Tod vorstand. Der noch heute bestehende Verein widmete sich der Pflege bedürftiger und kranker Menschen. Am 1. Januar 1854 eröffnete der Verein auf Baaders Veranlassung hin in Karlsruhe das erste St. Vincentius-Haus als Vereins- und Krankenhaus; zuvor fand die Krankenpflege durch Hausbesuche statt. Der Verein betrieb ab 1857 die erste ambulante Krankenpflegestation in Karlsruhe und bezog 1861 das neu erbaute St.-Vincentius-Krankenhaus. Baader hinterließ nach ihrem Tod 1877 den Großteil ihres Vermögens dem St. Vincentius-Krankenhaus. Die St. Vincentius-Kliniken Karlsruhe sind heute ein akademisches Lehrkrankenhaus der Albert-Ludwigs-Universität Freiburg.

16. März: 1750: Caroline Herschel geboren (gest. 9. Januar 1848), deutsche Astronomin. Zu Beginn ihrer wissenschaftlichen Karriere unterstützte sie

ihren Bruder Wilhelm Herschel bei seinen Forschungen, glänzte aber bald durch eigenständige Leistungen. Ihre wichtigsten Beiträge zur Astronomie waren die Entdeckungen mehrerer Kometen, die Berechnung genauer astronomischer Reduktionen und der Zonenkatalog hunderter Sternhaufen und Nebel.

17. März: 1754: Jeanne-Marie Roland de la Platière geboren (gest. 8. November 1793), französische Revolutionärin. Jeanne-Marie „Manon" Roland de La Platière, besser bekannt als Madame Roland , war eine politische Figur in der Französischen Revolution, die in Paris einen Salon führte und an der Seite ihres Ehemanns die Politik der Girondisten wesentlich beeinflusste. Während der Schreckensherrschaft starb sie unter der Guillotine.

18. März: 1853: Emilie Kempin-Spyri geboren (gest. 12. April 1901) , erste Frau,

die in der Schweiz als Juristin promoviert wurde und habilitierte. Als Frau durfte sie jedoch nicht als Anwältin praktizieren, weshalb sie nach New York auswanderte, wo sie an einer von ihr gegründeten Rechtsschule für Frauen unterrichtete.

19. März: 1911: Von Clara Zetkin initiiert, wird in Deutschland, Dänemark, Österreich-Ungarn und der Schweiz erstmals ein Internationaler Frauentag begangen. Clara Zetkin (geb. 5. Juli 1857; gest. 20. Juni 1933) deutsche Frauenrechtlerin und Sozialdemokratin.

20. März: 1846: Augusta Bender geboren (gest. 16. September 1924), deutsche Frauenrechtlerin, Schriftstellerin. Augusta Bender war eine deutsche Schriftstellerin, Heimatdichterin, Lehrerin und Frauenrechtlerin. Sie schrieb Gedichte, Kalendergeschichten, Erzählungen, Novellen, Kulturbilder und Romane und

sammelte historische Texte, Volkslieder, Bauernregeln, Kinderreime und Spruchweisheiten.

21. März: 1752: Mary Dixon Kies geboren (gest. 1837), US-amerikanische Erfinderin. Sie erfand ein Verfahren, um Stroh mit Baumwolle oder Seide zu verweben, das sich für die Herstellung von Hüten als nützlich erwies. Die Hutindustrie spielte für die damalige Wirtschaft Neuenglands eine wichtige Rolle. Dolley Madison, die Frau des damaligen Präsidenten James Madison, gratulierte Mary Dixon Kies persönlich zu ihrer Erfindung. Ihr Patent, das sie am 5. Mai 1809 erhielt, war das erste, das auf den Namen einer Frau eingetragen wurde.

22. März: 1844: Franziska Speyer geboren (gest. 6. November 1909), deutsche Stifterin und Mäzenin. Nach dem Tod ihres Mannes führte Franziska Speyer

dessen philanthropische Werke fort. Sie finanzierte 1903/1904 die Errichtung des Vereinshauses der Aktienbaugesellschaft für kleine Wohnungen an der Mainzer Landstraße und stiftete 1904 eine Million Mark für den Neubau des Georg-Speyer-Hauses in Sachsenhausen beim Gelände des Städtischen Krankenhauses. Es wurde 1906 als Forschungsinstitut für Chemotherapie unter Leitung von Paul Ehrlich eröffnet und erzielte große Erfolge in der Entwicklung von Heilmitteln gegen Syphilis und Tuberkulose.

23. März: 1882: Emmy Noether geboren (gest. 14. April 1935) , deutsche Mathematikerin. Amalie Emmy Noether war eine deutsche Mathematikerin, die grundlegende Beiträge zur abstrakten Algebra und zur theoretischen Physik lieferte. Insbesondere revolutionierte Noether die Theorie der Ringe, Körper und Algebren. Das nach ihr benannte Noether-Theorem gibt die Verbindung zwischen

Symmetrien von physikalischen Naturgesetzen und Erhaltungsgrößen an.

24. März: 1768: Gabriele von Baumberg geboren (gest. 24. Juli 1834), österreichische Schriftstellerin und Dichterin. Zeit ihres Lebens schrieb sie kurze Prosa und Gedichte und erlangte in ihrer Zeit größere Berühmtheit. Sie galt als deutsche Sappho und wurde u. a. von Johann Wolfgang von Goethe verehrt. Ihr Gedicht Als Luise die Briefe ihres ungetreuen Liebhabers verbrannte wurde 1787 von Wolfgang Amadeus Mozart vertont und seither vielfach interpretiert. Sechs weitere Gedichte wurden von Franz Schubert vertont.

25. März: 1594: Maria Tesselschade Visscher geboren (gest. 20. Juni 1649), niederländische Malerin und Kupferstecherin. Sie war eine niederländische Dichterin und

Kupferstecherin. Sie genoss hohes Ansehen bei ihren Zeitgenossen und wurde später zum Weiblichkeitsideal verklärt.

26. März: 1819: Louise Otto-Peters geboren (gest. 13. März 1895), deutsche Schriftstellerin und Journalistin, Mitbegründerin der deutschen Frauenbewegung. Louise Otto-Peters war eine sozialkritische Schriftstellerin, Demokratin und eine Mitbegründerin der bürgerlichen deutschen Frauenbewegung.

27. März: 1875: Cécile Vogt geboren (gest. 4. Mai 1962) , französische Neurologin. Cécile Vogt war eine französische Neurologin und bedeutende Hirnforscherin, die als Wegbereiterin für Frauen in der Wissenschaft gilt. Sie war die Ehefrau und langjährige Mitarbeiterin des Neurologen Oskar Vogt.

28. März: 1743: Jekaterina Romanowna Woronzowa-Daschkowa geboren (gest. 4. Januar 1810), bedeutende Persönlichkeit der Aufklärung in Russland. Fürstin Woronzowa-Daschkowa war eine enge Vertraute der russischen Kaiserin Katharina der Großen und eine bedeutende Persönlichkeit der Aufklärung in Russland, unter anderem als Leiterin der Russischen Akademie der Wissenschaften. Ihre Memoiren der Fürstin Daschkaw wurden 1804 in Paris (Mon Histoire) veröffentlicht, und 1840 in zwei Bänden in London veröffentlicht.

29. März: 1886: Luise Harkort geboren (gest. 21. Juli 1966), deutsche Keramikerin. Luise Auguste Harkort entwarf in den 1920er Jahren zahlreiche Gefäße und Dekore, die in den Steingutfabriken Velten-Vordamm hergestellt wurden, deren Gründer ihr Mann Hermann Harkort (1881–1970) war.

30. März: 1882: Melanie Klein geboren (
gest. 22. September 1960) , österreichisch-
britische Psychoanalytikerin. Melanie Klein,
geborene Reizes, gilt als eine der
Pionierinnen einer Psychoanalyse für
Kinder – auch als Kinderanalyse oder
Psychagogik bezeichnet – sowie der
Objektbeziehungstheorie.

31. März: 1906: Marianne Frostig
geboren (gest. 21. Juni 1985),
österreichische Sozialarbeiterin, Lehrerin
und Psychologin. Bekannt wurde sie durch
ihre ganzheitliche, kindorientierte,
pädagogisch-therapeutische Förderung vor
allem teilleistungsgestörter, lerngestörter,
emotional und sozial benachteiligter Kinder.
Marianne Frostig verknüpfte in ihrer Arbeit
Elemente der Pädagogik, Psychologie,
Neurologie, Neuropsychologie und
Soziologie. Sie war Gründerin und

Direktorin des Marianne-Frostig-Zentrums für Heilpädagogik in Los Angeles.

APRIL

01. April: 1921: Der französischen Pilotin Adrienne Bolland gelingt der erste Alleinflug einer Frau über die Anden. Mit einer Caudron G-III bewältigt sie die Flugroute vom argentinischen Mendoza nach Santiago de Chile in 4:17 Stunden.

02. April: 1788: Wilhelmine Reichard geboren (gest. 23. Februar 1848) , erste deutsche Ballonfahrerin. Am 16. April 1811 unternahm sie ihre erste Alleinfahrt in einem Ballon. Sie startete im Garten der Berliner Königlichen Tierarzneischule und landete im rund 30 km entfernten Genshagen. Am 30. September 1811 folgte die dritte Ballonfahrt von Dresden aus. Sie

erreichte dabei eine Höhe von 7000 m. Trotz mehrerer Bruchlandungen unternahm sie weiterhin Ballonfahrten von allen größeren deutschen Städten aus. So fuhr sie am 9. August 1818 von Braunschweig aus über Wolfenbüttel in Richtung Asse und Harz. Schließlich wurde sie in Richtung Königslutter abgetrieben und landete bei Lehre.

03. April: 1907: Lola Álvarez Bravo geboren (gest. 31. Juli 1993) , mexikanische Fotografin. Lola Álvarez Bravo, geborene Dolores Martínez Vianda auch Martínez de Anda war eine der ersten Fotografinnen Mexikos und neben Tina Modotti, Frida Kahlo, Diego Rivera und ihrem Mann Manuel Álvarez Bravo eine der Schlüsselfiguren der nachrevolutionären Kulturblüte Mexikos.

04. April: 1889: Ernestine von Trott zu Solz geboren (gest. 24. April 1982),

Begründerin einer therapeutischen Lebens- und Wohngemeinschaft.Ernestine Elisabeth Sophie Helene von Trott zu Solz, auch Mutter Ernestine genannt , war eine Diakonisse und Leiterin der therapeutischen Lebens- und Wohngemeinschaft Landheim Salem bei Asendorf. Sie gehörte zu dem Kreis protestantischer Adelsfrauen, die im wilhelminischen Kaiserreich auf die Privilegien ihres Standes weitgehend verzichteten und sich der Arbeit unter Kranken, Suchtabhängigen und Bedürftigen zuwendeten. Neben ihrem praktischen Einsatz waren sie als Frauen auch im Vortrags- und Verkündigungsdienst tätig, was in jener Epoche ein Novum darstellte.

05. April: 1835: Wilhelmine Fliedner geboren (gest. 1. April 1904) , deutsche Schulgründerin. Wilhelmine Fliedner, eigentlich Wilhelmina Julie Sophie Helene Friederike Fliedner, oft auch Mina genannt , war die Gründerin der Wilhelmine-Fliedner-

Realschule in Hilden, die aufgrund ihres Lehrerraumsystems Bekanntheit erlangte.

06. April: 1646: Marguerite Périer geboren (14. April 1733), französische Nonne, Nichte von Blaise Pascal. Bekanntheit erlangte sie durch die wundersame Heilung einer das Gesicht entstellenden Geschwulst.Seit 1654 war Marguerite dem Kloster Port Royal des Champs zur Erziehung anvertraut. Am 24. März 1656 war die Reliquie eines Dorns aus der Dornenkrone Christi, in die Kirche von Port Royal gebracht worden. Auf Anraten ihrer Lehrerin berührte Marguerite mit dem kranken Auge den Dorn. Noch am selben Abend war das Auge vollkommen geheilt. Einige Tage später untersuchten die Ärzte das Kind erneut und befanden es als vollkommen gesund.

07. April: 1889: Gabriela Mistral geboren (gest. 10. Januar 1957) ,

chilenische Dichterin und Diplomatin. Im Jahr 1945 wurde sie mit dem Nobelpreis für Literatur ausgezeichnet. Zwischen 1922 und 1934 lebte Gabriela Mistral vorwiegend im Ausland. Sie wurde vom mexikanischen Kulturministerium nach Mexiko eingeladen, um an der dortigen Schulreform mitzuwirken. Anschließend ging sie in die USA und nach Europa. 1930 war sie Gastprofessorin am Barnard College der Columbia University in New York City und am Vassar College in Poughkeepsie.

08. April: 1898: Therese Neumann geboren (gest. 18. September 1962) , deutsche Bauernmagd aus Bayern mit angeblichen Stigmata und ekstatischen Zuständen. Therese Neumann, genannt Resl von Konnersreuth , war eine Bauernmagd, die als katholische Mystikerin durch ihre angeblichen Stigmata und die ihr nachgesagte jahrelange Nahrungslosigkeit sehr bekannt wurde und regelrechte Wallfahrten auslöste. Erst lange nach ihrem

Tode fand mit der Eröffnung eines Seligsprechungsverfahrens 2005 durch Bischof Gerhard Ludwig Müller eine gewisse kirchliche Anerkennung statt.

09. April: 1848: Helene Lange geboren (gest 13. Mai 1930) , deutsche Pädagogin und Frauenrechtlerin. Helene Lange war eine deutsche Politikerin (DDP). In den Jahren 1919 bis 1921 war sie Mitglied der Hamburgischen Bürgerschaft. Nachdem das Reichsvereinsgesetz von 1908 Frauen den Zutritt zu politischen Parteien ermöglicht hatte, trat Lange zusammen mit Bäumer und anderen führenden Frauenrechtlerinnen in die Freisinnige Vereinigung (FVg) ein, die 1910 in der Fortschrittlichen Volkspartei (FVP) aufging. Sie gehörte zu dem Kreis um Friedrich Naumann. Nach dem Ersten Weltkrieg gehörte Lange zu den Mitbegründerinnen der Deutschen Demokratischen Partei (DDP), für die sie 1919 in die Hamburgische Bürgerschaft als Alterspräsidentin einzog

und deren Ehrenvorsitzende sie später wurde. Als Bäumer 1920 als Ministerialrätin ins Reichsministerium des Innern berufen wurde, siedelte Lange mit ihr wieder nach Berlin über.

10. April: 1848: Hubertine Auclert geboren (gest. 4. August 1914), französische Frauenrechtlerin. Hubertine Auclert (vollständiger Name Marie-Anne-Hubertine Auclert) war eine der ersten Aktivistinnen der französischen Frauenwahlrechtsbewegung und die erste Frau, die sich 1882 selbst als Feministin bezeichnete.

11. April: 1614: Hélène Fourment geboren (gest. 15. Juli 1673) , zweite Ehefrau und Modell von Peter Paul Rubens. Wie bereits seine erste Gemahlin Isabella Brant stand sie ihm für neunzehn Gemälde Porträt, zudem arbeitete Rubens ihre Züge in weitere Bildnisse ein. Das Paar lebte in

Schloss Steen unweit von Mechelen. Einige von Rubens bedeutendsten Gemälden mit ihr sind: Hélène im Brautkleid (1630), zwischen Rubens und seinem Sohn im Garten (1631), unbekleidet im Pelzmantel („Das Pelzchen", um 1636/38), als Cäcilie mit Putten (1638), im Wirbelsturm fliegender Putten im Liebesgarten (1635).

12. April: 1852: Agnes Sapper geboren (gest. 19. März 1929), deutsche Schriftstellerin. Agnes Sapper war neben Johanna Spyri und Ottilie Wildermuth eine der erfolgreichsten und meistgelesenen deutschsprachigen Jugendbuchautorinnen des frühen 20. Jahrhunderts. Allein von ihrem bekanntesten Roman Die Familie Pfäffling, veröffentlicht 1907, wurden (bis zur Neuauflage 2002) rund 900.000 Exemplare verkauft. Er kam bis heute auf zahlreiche Übersetzungen, darunter ins Japanische. Sappers Gesamtauflage wurde um 1980 auf zwei Millionen geschätzt.

13.   April: 1904: Martha Weber geboren, erzgebirgische Heimatdichterin (gest. 3. September 1998). Sie kam aus einfachen dörflichen Verhältnissen, lernte Schuhstepperin und arbeitet viele Jahre als Heimarbeiterin   für   die Posamentenindustrie. Erst mit über fünfzig Jahren (1955) gelangte sie an das Literaturinstitut "Johannes R. Becher" in Leipzig, wo Louis Fürnberg auf sie aufmerksam wurde und erste Lyrikbände in Mundart und Hochdeutsch von ihr ermöglichte. Martha Weber lebte in Wiesa, später in Schönfeld. Von 1954 bis 1965 war sie dort Gemeindevertreterin. Sie war Mitglied   des   Deutschen Schriftstellerverbandes   (später Schriftstellerverband der DDR). Ihre letzten Lebensjahre verbrachte sie in Lützschena bei Leipzig, wo sie starb und begraben wurde.

14. April: 1892: Elisabeth Blochmann geboren (gest. 27. Januar 1972), deutsche Pädagogin und Philosophin. Nach ihrer Referendarinnenzeit am Weimarer Großherzoglichen Sophienstift, das sie selbst als Schule besucht hatte, wandte sich die Historikerin verstärkt der Sozialpädagogik zu, bedingt durch ihre Freundschaft zu Herman Nohl, über den sie 1969 eine Biografie verfasste. Von 1923 bis 1926 übernahm Elisabeth Blochmann eine Dozentinnenstelle an der von Maria Keller geleiteten Sozialen Frauenschule in Thale/Harz. Anschließend ging sie nach Berlin an das renommierte Pestalozzi-Fröbel-Haus (PFH), wo Sozialpädagoginnen und Sozialarbeiterinnen sowohl theoretisch als auch praktisch ausgebildet wurden. Zudem unterrichtete sie an der Wernerschule des Deutschen Roten Kreuzes und am Zentralinstitut für Erziehung und Unterricht.

15. April: 1828: Johanna Mestorf geboren (gest. 20. Juli 1909) , Archäologin , erste Museumsdirektorin in Deutschland. Johanna Mestorf war eine deutsche Prähistorische Archäologin und führte als eine der ersten Frauen im Königreich Preußen den Titel Professor. Ab 1863 übersetzte Johanna Mestorf wichtige Werke der skandinavischen Archäologie ins Deutsche. Daneben verfasste sie ab den 1860er Jahren Belletristik sowie archäologische und volkskundliche Artikel und Aufsätze. Im Jahr 1868 begann ihre ehrenamtliche Mitarbeit am Museum vaterländischer Alterthümer in Kiel. Am 5. November 1873 wurde sie dessen zur Kustodin und 1891 zu dessen Direktorin berufen. Damit war sie nach Amalie Buchheim in Schwerin eine der ersten Museumsdirektorinnen in Deutschland. 1899, zu ihrem 71. Geburtstag, wurde ihr, als erster Frau in Preußen, der Titel einer Honorarprofessorin an der Universität Kiel verliehen. Zehn Jahre später erhielt sie die Ehrendoktorwürde der medizinischen

Fakultät der Universität. Bereits 1891 wurde sie Ehrenmitglied der Berliner Gesellschaft für Anthropologie, Ethnologie und Urgeschichte und wurde zum korrespondierenden Mitglied in neunzehn internationalen wissenschaftlichen Gesellschaften berufen. Schwerpunkt ihrer Forschung war die Vorgeschichte Schleswig-Holsteins, so prägte sie die Begriffe der Einzelgrabkultur für den norddeutschen/südskandinavischen Bereich der schnurkeramischen Kulturen, das Forschungsmaterial hatte sie hierzu von dem Freizeitarchäologen Heinrich Holm und Lehrer Schlüter erhalten. Johanna Mestorf war maßgeblich daran beteiligt, dass das Danewerk und viele weitere Fundplätze frühzeitig untersucht und dauerhaft erhalten werden konnten.

16. April: 1912: In einem Blériot-Eindecker überquert die erste Frau den Ärmelkanal. Die Amerikanerin Harriet Quimby (* 11. Mai 1875 ; † 1. Juli 1912)

gelangt in einem 59 Minuten dauernden Flug von Dover an einen 40 km von Calais entfernten Strand in Frankreich. Am 1. August 1911 erhielt Quimby als erste Frau in den USA ihren Flugschein. Es folgte eine Reihe von Pionierleistungen, darunter der erste Nachtflug einer Pilotin, und zusammen mit Matilde Moisant der ersten Flug weiblicher Piloten über Mexiko. Quimby berichtete in Leslie's über ihre Flugabenteuer und entwarf Zukunftsszenarios von großen Passagierflugzeugen und der Einrichtung regelmäßiger Fluglinien.

17. April: 1964: Jerrie Mock vollendet mit ihrer Cessna 180 den ersten Alleinflug einer Frau um die Erde. Sie landet nach 29 Tagen, 11 Stunden und 59 Minuten wieder an ihrem Abflugort Columbus im US-Bundesstaat Ohio. Geraldine „Jerrie" Mock (* 22. November 1925 ; † 30. September 2014) war eine US-amerikanische Pilotin. Sie umflog zwischen März und April 1964

als erste Frau im Alleinflug die Erde. Alle Frauen, die vor ihr eine Weltumrundung im Alleinflug absolviert hatten, hatten dabei ihre Flugzeuge teilweise auf dem Schiff transportieren lassen, weil ihnen Teilstrecken zu lang oder zu gefährlich erschienen waren. Mock war die erste Frau, die eine vollständige Weltumrundung im Flugzeug absolvierte. Sie startete in Columbus, Ohio, und flog eine Route via Azoren, Casablanca, Kairo, Karatschi, Kalkutta, Bangkok und Honolulu. Sie war zum Zeitpunkt des Fluges Mutter dreier Kinder (4, 16 und 17 Jahre alt).

18. April: 1906: Bertha von Suttner nimmt im Rathaus von Kristiania den ihr zuerkannten Friedensnobelpreis entgegen. Die Autorin von Die Waffen nieder! ist die erste weibliche Preisträgerin. Bertha Sophia Felicita Freifrau von Suttner, geborene Gräfin Kinsky von Wchinitz und Tettau, Pseudonyme: B. Oulot, Jemand (* 9. Juni 1843; † 21. Juni 1914), war eine

österreichische Pazifistin, Friedensforscherin und Schriftstellerin.

19. April: 1666: Sarah Kemble Knight geboren (gest. 25. Dezember 1727) , englische Siedlerin in Neuengland und Schriftstellerin. Sarah Kemble Knight war eine Geschäftsfrau in der Kolonie Neuengland, die insbesondere für ihre Tagebücher bekannt ist, die ein wichtiges Zeitdokument der amerikanischen Literatur- und Kulturgeschichte darstellen. In den episodischen Tagebucheinträgen berichtet sie von den Unwägbarkeiten der Reise zu Fuß und zu Pferde, auch von den Schwierigkeiten, derer sie sich als alleinreisende Frau erwehren musste, Begegnungen mit Weggefährten, neuenglischen Siedlern und Indianern, und gewährt so einen Einblick in die Sitten und Gebräuche der Kolonialgesellschaft. Da sie anders als die gelehrten Schriften der Zeit auch die Alltagssprache der Kolonisten

festhielt, ist ihr Tagebuch auch für Linguisten von Interesse.

20. April: 1822: Auguste Jauch geboren (gest. 4. Januar 1902) , deutsche Philanthropin. Jauch war Gründerin mehrerer wohltätiger Stiftungen, denen sie aus dem reichen Erbe, das ihr Mann ihr hinterlassen hatte, beträchtliche Summen zuwendete. Besonders sorgte sie sich um die Linderung des Elends der armen Schichten Hamburgs. Diese hausten unter menschenunwürdigen Bedingungen in den sogenannten Gängevierteln.

21. April: 1873: Isa Jechl geboren (gest. 27. Januar 1961), österreichische Malerin. Isa Jechl absolvierte die „Allgemeine Zeichenschule für Frauen und Mädchen" und studierte zudem in München und Paris. Ihre Lehrer waren Franz Pönninger und Rudolf von Alt. Jechl war Gründungsmitglied der „Vereinigung

österreichischer bildender Künstler und Künstlerinnen" sowie ab 1905 Ausschussmitglied des Vereins der Schriftstellerinnen und Künstlerinnen. Ihr bildnerisches Werk umfasst Stadtansichten, Wiener Typen, Frauen-, Kinder- und Tier-Porträts sowie Aquarell-Malerei.

22. April: 1909: Rita Levi-Montalcini geboren (gest. 30. Dezember 2012) , italienische Neurologin und Neurobiologin, Nobelpreisträgerin. Rita Levi-Montalcini war eine italienische Medizinerin und Neurobiologin. Sie entdeckte für das Zellwachstum zuständige körpereigene Wachstumsfaktoren und wurde 1986 gemeinsam mit Stanley Cohen mit dem Albert Lasker Award for Basic Medical Research und dem Nobelpreis für Medizin und Physiologie ausgezeichnet. Sie wurde 2001 als zweite Frau zur Senatorin auf Lebenszeit in Italien ernannt.

23. April: 1912: Hedda Theen-Pontoppidan geboren (11. Oktober 2013), deutsche Malerin. Hedda Theen-Pontoppidan war eine deutsche Malerin, Zeichnerin und Restauratorin für norddeutsche Volkskunst. Im Lauf der Jahre und Jahrzehnte entstanden zahlreiche Öl- und Temperabilder und Zeichnungen der Landschaft Angelns an der Flensburger Förde. Viele alte Bauernmöbel und Haushaltsgegenstände, insbesondere hölzerne Hutschachteln, wurden von ihr restauriert und bemalt.

24. April: 1885: Erna Morena geboren (gest. 20. Juli 1962), deutsche Filmschauspielerin, Produzentin und Drehbuchautorin. Erna Morena (Ernestine Maria Fuchs) war eine deutsche Filmschauspielerin, Filmproduzentin und Drehbuchautorin in der Zeit des Stummfilms und der Anfänge des Tonfilms. Ihr Filmdebüt gab sie 1913 in Die Sphinx von Eugen Illés für die neugegründete

Filmproduktionsfirma Literaria Film von Alfred Duskes, ihr Gehalt dort betrug 500 Mark pro Monat, also ca. 2.757 Euro. Insgesamt wirkte sie in etwa 120 Filmen mit. Sie arbeitete unter bekannten Regisseuren wie Paul Leni, Richard Oswald, Robert Wiene, Friedrich Wilhelm Murnau und Georg Wilhelm Pabst und spielte neben großen Kollegen wie Conrad Veidt, Emil Jannings, Reinhold Schünzel und Werner Krauß.

25. April: 1872: Else Falk geboren (gest. 8. Januar 1956) , deutsche Sozialpolitikerin und Frauenrechtlerin. Else Falk war eine deutsche Frauenrechtlerin und Sozialpolitikerin in der Weimarer Republik. Sie war Gründerin und aktives Mitglied von Kölner Frauen- und Wohlfahrtsvereinen und Förderin von zahlreichen sozialen Projekten. Von 1919 bis 1933 war sie Vorsitzende des Stadtverbandes Kölner Frauenvereine.

26. April: 1725: Louise von Plessen geboren (gest. 14. September 1799) , Oberhofmeisterin am dänischen Hof. Louise von Plessen, geb. von Berkentin war Oberhofmeisterin am dänischen Hof von König Christian VII. und Caroline Mathilde. Sie stand den oppositionellen Kreisen am dänischen Hof nahe und hinterließ eine Korrespondenz mit Friedrich Gottlieb Klopstock.

27. April: 1759: Mary Wollstonecraft geboren (gest. 10. September 1797) , englische Schriftstellerin und Frauenrechtlerin. Mary Wollstonecraft war eine englische Schriftstellerin, Übersetzerin, Philosophin und Frauenrechtlerin irischer Abstammung. Ihr bekanntestes Werk ist A Vindication of the Rights of Woman (1792), in dem sie in kritischer Auseinandersetzung mit den

Philosophen der Aufklärung auf das Recht der Frauen auf Bildung pochte.

28. April: 1915: Der von den deutschen Frauenrechtlerinnen Anita Augspurg und Lida Gustava Heymann initiierte und von Aletta Jacobs organisierte erste Internationale Frauenfriedenskongress wird mit 1100 Teilnehmerinnen aus 12 Nationen im niederländischen Den Haag eröffnet. Unter anderem nehmen die beiden späteren Friedensnobelpreisträgerinnen Jane Addams und Emily Greene Balch an dem Kongress teil.

29. April: 1894: Marietta Blau geboren (gest. 27. Januar 1970) , österreichische Physikerin. In ihren Wiener Jahren beschäftigte sich Blau hauptsächlich mit der photographischen Methode zum Nachweis einzelner Teilchen. Die methodischen Ziele, die sie dabei verfolgte, waren die

Identifizierung der Teilchen, insbesondere Alphateilchen und Protonen, und die Bestimmung ihrer Energie anhand der Bahnspuren, die sie in Emulsionen bewirken. Dafür erhielten Blau und ihre Mitarbeiterin Hertha Wambacher 1936 den Haitinger-Preis und 1937 den Lieben-Preis der Österreichischen Akademie der Wissenschaften. Als Höhepunkt ihrer gemeinsamen Arbeit entdeckten die beiden ebenfalls 1937 in Photoplatten, die in einer Seehöhe von 2.300 m der kosmischen Strahlung ausgesetzt worden waren, „Zertrümmerungssterne", das sind sternförmig verlaufende Teilchenbahnspuren von Kernreaktionen (Spallationsereignissen) der Teilchen der kosmischen Strahlung mit Kernen der photographischen Emulsion.

30. April: 1896: Anandamayi Ma geboren (gest. 27. August 1982) , indische spirituelle Meisterin. Sri Anandamayi Ma war eine religiöse Führerin und zählt zu den

bekanntesten hinduistischen Frauen Indiens des 20. Jahrhunderts, in dem weibliche Meisterinnen sozio-religiös wenig anerkannt waren. Unter ihren Anhängern waren Persönlichkeiten wie Indira Gandhi. Ihr Einfluss auf die Gesellschaft zeigt sich bis heute in der Verehrung ihrer Grabstätte, die gewöhnlich männlichen Meistern vorbehalten ist.

MAI

01. Mai: 1864: Anna Jarvis geboren (gest. 24. November 1948), US-amerikanische Initiatorin des Muttertags. Zwei Jahre nach dem Tod ihrer Mutter ließ Anna Marie Jarvis am 12. Mai 1907 in ihrer Kirche einen Gedenkgottesdienst für sie feiern und fuhr dann in dem Bestreben fort, einen Tag der Mutter als anerkannten Feiertag herbeizuführen. Der erste offizielle Muttertag wurde 1908, am dritten Todestag von Ann Jarvis, in der St. Andrew's

Methodist Episcopal Church in Grafton (West Virginia) begangen. Nach der Predigt von Pfarrer Harry C. Howard verteilte Anna Jarvis fünfhundert weiße und rote Nelken, die Lieblingsblumen ihrer Mutter. Die roten Nelken sollten die lebenden Mütter ehren, die weißen die verstorbenen.

02. Mai: 1729: Katharina II. (die Große) geboren (gest.17. November 1796), russische Kaiserin. Katharina II., genannt Katharina die Große war ab dem 9. Juli 1762 Kaiserin von Russland und ab 1793 Herrin von Jever. Sie ist die einzige Herrscherin, der in der Geschichtsschreibung der Beiname die Große verliehen wurde. Katharina II. war eine Repräsentantin des aufgeklärten Absolutismus.

03. Mai: 1849: Bertha Benz geboren (gest. 5. Masi 1944) , deutsche Automobilpionierin, Ehefrau von Carl Benz.

Cäcilie Bertha Benz   war eine deutsche Pionierin des Automobils. Durch ihren unternehmerischen, technischen und finanziellen Einsatz schuf sie die Voraussetzungen für die Erfindung des Benz-Patent-Motorwagens durch ihren Mann Carl Benz. Mit der ersten Fernfahrt in einem Automobil bewies sie die Eignung des neuen Verkehrsmittels.

04. Mai: 1852: Alice Liddell geboren (gest. , britische Vorlage für die Heldin in Alice im Wunderland. Als Alice geboren wurde, war ihr Vater Direktor der Westminster School, wurde aber bald darauf an die Christ Church in Oxford versetzt. 1856 zog die Familie nach Oxford. Kurz nach diesem Umzug, am 25. April 1856, sah Alice zum ersten Mal Lewis Carroll, der als Tutor für Mathematik am College lehrte und wohnte. Er begegnete der Familie Liddell, als er die Kathedrale fotografierte.

05. Mai: 1775: Maria Clementine Martin geboren (gest. 9. August 1843) , deutsche Klosterfrau und Erfinderin (Klosterfrau-Melissengeist).

06. Mai: 1754: Dorothea Christiane Erxleben, die ihr Studium auf Grund einer Sondergenehmigung von Friedrich dem Großen absolviert hat, besteht ihre Doktorprüfung an der Universität Halle mit großem Erfolg und wird damit zur ersten promovierten Ärztin in Deutschland.

07. Mai: 1748: Olympe de Gouges geboren (gest. 3. November 1793 Staatsmord) , französische Frauenrechtlerin. Olympe de Gouges war eine Revolutionärin, Frauenrechtlerin, Schriftstellerin und Autorin von Theaterstücken und Romanen im Zeitalter der Aufklärung. Sie ist die Verfasserin der

Erklärung der Rechte der Frau und Bürgerin von 1791.

08. Mai: 1748: Johanna Katharina Morgenstern geboren (gest 11. September 1796). Johanna Katharina Morgenstern, auch Morgenstern-Schulze, geb. Brömme war eine deutsche Schriftstellerin. Sie verfasste Erbauungsschriften, Kochbücher und hauswirtschaftliche Literatur für Frauen.

09. Mai: 1897: Clara Ege geboren (gest. 9. Oktober 1990), deutsche Malerin, Bildhauerin und Seidenweberin. Clara Ege bestimmte über zwei Jahrzehnte die musische Erziehung in der seit 1919 bestehenden Freikörperkolonie Klappholthal auf Sylt. An der dortigen Sommervolkshochschule war sie nach dem Zweiten Weltkrieg als Dozent für bildende Kunst tätig, gab Malkurse, erstellte

Festdekorationen und Bühnenbilder und hielt Vorträge zum Landschaftsmalen.

10. Mai: 1817: Emma Herwegh geboren (gest. 24. März 1904) , deutsche Bankierstochter, Gattin des Dichters Georg Herwegh. Emma Charlotte Herwegh, geborene Emma Siegmund, war eine deutsche Revolutionärin während der Erhebungen von 1848/49 in Frankreich und dem deutschsprachigen Raum und eine frühe Vorkämpferin der Frauenrechtsbewegung. Bekannt wurde sie durch ihre Ehe mit dem Dichter Georg Herwegh.

11. Mai: 1827: Elisabeth Rosenthal geboren (gest. 16. April 1891) , deutsche Schulleiterin. Sie ergriff den Beruf der Lehrerin und begründete 1868 das Rosenthal-Lyzeum, die erste private höhere Mädchenschule in Magdeburg. Die Anstalt befand sich zunächst in einem von ihrem

Vater erbauten Haus am Nicolaiplatz und musste dann, wegen des wachsenden Platzbedarfs, zunächst an den Breiten Weg, später in die Falkenbergstraße umziehen. Nach dem Tod ihres Vaters erbte Elisabeth Rosenthal 1879 auch die Villa Rosenburg in Thale, die sie drei Jahre später veräußerte.

12. Mai: 1756: Maria Amoretti geboren (gest. 12. November 1787) , italienische Juristin. Maria Amoretti war die Nichte des Kirchenrechtlers Carlo Amoretti. Mit seiner Förderung und Unterstützung konnte Amoretti Rechtswissenschaften an der Universität Pavia studieren. Mit 21 Jahren beendete Amoretti 1777 dieses Studium erfolgreich mit einer Promotion. Amoretti starb 1787 im Alter von 31 Jahren.

13. Mai: 1888: Regentin Isabella von Brasilien unterzeichnet die Lei Áurea, mit der Brasilien als letzter Staat in Südamerika die Sklaverei offiziell abschafft. Isabella

Cristina Leopoldina Augusta Micaela Gabriela Rafaela Gonzaga d'Orléans-Braganza (* 29. Juli 1846 ; † 14. November 1921)war die letzte Kronprinzessin von Brasilien.

14. Mai: 1720: Agnes Sophie Reuß zu Ebersdorf geboren (gest. 2. August 1791) , Gutsbesitzerin in der Ober- und Niederlausitz. 1765 erhielt sie einen Teil der Besitzungen ihres Bruders Johann Erdmann. In den folgenden Jahren erwarb sie weitere Güter. Agnes Sophie Reuß starb in Herrnhut, wo sie auf dem Gottesacker bestattet wurde. Da sie keine Nachkommen hatte, erbte ihr Ehemann ihre Besitzungen. Mit Agnes Sophie starb die letzte Angehörige der gräflichen Linie der Familie von Promnitz.

15. Mai: 1857: Williamina Fleming geboren (gest. 21. Mai 1911) , Astronomin. Williamina Paton Stevens Fleming war eine

amerikanische Astronomin. Sie entwickelte ein System zur Klassifizierung von Sternen und entdeckte zahlreiche Gasnebel, Sterne und Novae. Im Jahr 1888 entdeckte sie das später als Pferdekopfnebel bezeichnete Objekt.

16. Mai: 1920: Jeanne d'Arc (geboren 1412) wird von Papst Benedikt XV. heiliggesprochen. Während des Hundertjährigen Krieges verhalf sie bei Orléans dem Dauphin und späteren französischen König Karl VII. zu einem Sieg über Engländer und Burgunder, anschließend geleitete sie Karl zu seiner Königssalbung nach Reims. Nach der Niederlage der Franzosen in der Schlacht von Compiègne wurde Jeanne d'Arc am 23. Mai 1430 durch Johann II. von Luxemburg gefangen genommen, später an die Engländer ausgeliefert und schließlich in einem kirchlichen Verfahren des Bischofs von Beauvais, Pierre Cauchon, der pro-englisch eingestellt war, aufgrund

verschiedener Anklagen verurteilt. Am 30. Mai 1431 wurde Jeanne d'Arc im Alter von 19 Jahren auf dem Marktplatz von Rouen auf dem Scheiterhaufen verbrannt.

17. Mai: 1867: Georgette Agutte geboren (gest. 5. September 1922) , französische Malerin. Im Lauf der Jahre stellte Agutte bei den Société des Artistes Indépendants und im Salon d'Automne aus. Georgette Agutte malte während ihres ganzen Lebens Aktgemälde, welche die zweitgrößte Werkgruppe nach den Porträts darstellen. Während des Ersten Weltkriegs besuchte Agutte in Cagnes-sur-Mer den Maler Auguste Renoir; dabei lernte sie auch Amedeo Modigliani, Jeanne Hébuterne und Pablo Picasso kennen.

18. Mai: 1474: Isabella d'Este geboren (gest. 13. Februar 1539) , italienische Renaissancefürstin. Isabella d'Este war eine Markgräfin von Mantua. Sie war außerdem

eine bedeutende Mäzenin und Kunstsammlerin und gilt als einer der einflussreichsten Frauen der italienischen Renaissance.

19. Mai: 1812: Charlotte Guest geboren (gest. 15. Januar 1895) , britische Übersetzerin, Pädagogin und Unternehmerin. Ihre Übersetzung des Mabinogion ins Englische machte die mittelalterlichen walisischen Erzählungen einer breiteren Öffentlichkeit bekannt. Dadurch aufmerksam gemacht, erkannten Forscher bald die Möglichkeit, in den originalen Erzählungen die Ursprünge der walisischen Literatur und Sprache zu finden. Von wissenschaftlichem Interesse sind die Erzählungen aber auch, da sie Hinweise auf die Entwicklung der Artus-Sage geben. So werden in den Drei Romanzen, die Charlotte Guest zusammen mit den Vier Zweigen des Mabinogi übersetzte und veröffentlichte, die gleichen Ereignisse wie in den Werken von Chrétien

de Troyes beschrieben, obwohl sie älter sind.

20. Mai: 1882: Sigrid Undset geboren (gest. 10. Juni 1949) , skandinavische Schriftstellerin und Nobelpreisträgerin. Sigrid Undset war eine norwegische Romanautorin, Novellistin, Laiendominikanerin und Essayistin. Ihre Werke befassen sich mit dem Konflikt zwischen norwegischer Tradition, der europäischen Krise ihrer Zeit, dem römischen Katholizismus und der weiblichen Emanzipationsbewegung. „vornehmlich für ihre kraftvollen Schilderungen des nordischen Lebens im Mittelalter", so die Begründung des Nobelpreiskomitees, erhielt sie 1928 den Nobelpreis für Literatur.

21. Mai: 1881: Die Krankenschwester und Lehrerin Clara Barton gründet in

Washington, D. C., das Amerikanische Rote Kreuz, dessen erste Präsidentin sie wird.

22. Mai: 1789: Wilhelmine Herzlieb geboren (gest. 10. Juli 1865) , deutsche Verlegerin. Christiane Friederike Wilhelmine Herzlieb war in Züllichau in der ehemaligen Neumark Brandenburg als Waise die Ziehtochter des Verlegers Carl Friedrich Ernst Frommann. Sie erweckte später unter anderem die Aufmerksamkeit Goethes. Von Teilen der Goetheforschung wird sie deshalb als Vorbild für die Ottilie in Goethes Wahlverwandtschaften angesehen.

23. Mai: 1877: Oktavia Aigner-Rollett geboren (gest. 22. Mai 1959) , österreichische Medizinerin. Oktavia Auguste Aigner-Rollett war die zweite Frau, die an der Universität Graz das Studium der Medizin abgeschlossen hat (1905), die erste Frau, die in Graz als Ärztin

eine Praxis eröffnete und erste Sekundarärztin in Österreich. Sie war die älteste Tochter des Physiologen Alexander Rollett und Schwester des Publizisten Edwin Rollett.

24. Mai: 1819: Victoria geboren (gest. 22. Januar 1901) , britische Königin. Victoria – gebürtig Princess Alexandrina Victoria of Kent - war von 1837 bis 1901 Königin des Vereinigten Königreichs Großbritannien und Irland, ab dem 1. Mai 1876 trug sie als erste britische Monarchin zusätzlich den Titel Kaiserin von Indien (Empress of India). Sie war die Tochter von Edward Augustus, Duke of Kent and Strathearn, und Victoire von Sachsen-Coburg-Saalfeld.

25. Mai: 1864: Anne Löwenstein-Wertheim geboren (verschollen 2. September 1927) , britische Flugpionierin. Sie versuchte wenige Monate nach Charles Lindbergh, den Atlantischen Ozean von

England nach Amerika zu überfliegen. Zeit ihres Lebens unterstützte die begeisterte Hobby-Pilotin die wagemutigen Unternehmungen der frühen Fliegerinnen finanziell. Die Frau des Deutschen Ludwig Prinz zu Löwenstein-Wertheim-Freudenberg war bereits 63 Jahre alt, als sie den Versuch startete. Erst wollte sie selbst fliegen, engagierte jedoch kurzfristig zwei Piloten, Colonel Minchin und Capt. Leslie Hamilton. Am 31. August 1927 startete die einmotorige Fokker VIIa von Upavon in England. Seit dem Start gab es kein Lebenszeichen mehr von der Prinzessin und ihrer Mannschaft.

26. Mai: 1821: Amalie Dietrich geboren (gest. 9. März 1891), deutsche Botanikerin und Zoologin. Concordia Amalie Dietrich, war eine bedeutende deutsche Australien- und Naturforscherin, Botanikerin, Zoologin und Pflanzenjägerin im 19. Jahrhundert. Sie sammelte ein Jahrzehnt lang auf dem „Fünften

Kontinent" (Australien), der damals noch Neuholland hieß, Pflanzen, Tiere, ethnographische Objekte, menschliche Schädel und Skelette für das Museum Godeffroy.

27. Mai: 1896: Olga Wendt geboren (gest. 13. Juni 1991), deutsche Gestalterin und Designerin. Olga „Olly" Wendt, gebürtig Olga Sophie Emilia Sommer war eine deutsche Künstlerin und Designerin von kunstgewerblichen Holzfiguren der Firma Wendt & Kühn. Mitte der 1920er Jahre begann Olly Sommer mit der Gestaltung und Bemalung von Engelsfiguren. Zu ihren frühen Arbeiten zählen die reich bemalten Lippersdorfer Engel und Brokatengel. Gemeinsam mit Grete Wendt entwarf sie Teile der Figurengruppen und Spieldosen. Zu ihren bekanntesten Entwürfen zählen die zierlichen Margaritenengel, die 1925 in das Programm der Manufaktur aufgenommen wurden. Seit 1935 gestaltete sie auch eine

Gruppe von sechs sitzenden Margaritenengeln. Die von ihr 1925 entworfene Mondfamilie gehört ebenfalls bis heute zum klassischen Sortiment der Manufaktur. Die von ihr gestalteten Figuren waren in dieser Zeit auch auf den internationalen Markt ausgerichtet.

28. Mai: 1892: Elisabeth Wilhelmine Johanna Bitterling-Wolters geboren (gest. 18. April 1982) , deutsche Kunstmalerin. Sie besuchte von 1909 bis 1910 die Malschule von Willibald Leo von Lütgendorff-Leinburg in Lübeck. Von 1911 bis 1912 studierte sie an der Weimarer Kunstschule und wechselte 1913 zur Leipziger Akademie, dort wurde sie von Alois Kolb ausgebildet. 1918 beteiligte sie sich bereits mit achtzehn Arbeiten an der Ausstellung des Schleswig-Holsteinischen Kunstvereins in Kiel. 1941 wurden ihre Werke erst in Kiel und 1967 im Nissenhaus in Husum ausgestellt. In Husum war sie auch von 1962 bis zu ihrem Tod

ansässig. Ein großer Teil ihres Nachlasses befindet sich heute im Husumer Schloss.

29. Mai: 1610: Maria Cunitz geboren (gest. 22. August 1664) , Astronomin. Maria Cunitz, war eine der bedeutendsten Astronominnen der Frühen Neuzeit in Europa. Das lateinisch-deutsch geschriebene Werk der Maria Cunitz wurde von ihr selbst, laut Titel, 1650 veröffentlicht. Es gilt in seiner zweisprachigen Form als in der deutschen, Wissenschaftsgeschichte ihrer Zeit als einmalige Forschungstat. Die Astronomin erweiterte Johannes Keplers Methoden, schrieb eine 265 Seiten lange wissenschaftliche Einführung und dazu 286 Seiten mit astronomischen Tabellen.

30. Mai: 1879: Anne Shymer geboren (gest. 7. Mai 1915) , US-amerikanische Chemikerin. Anne Justice Shymer war eine US-amerikanische Chemikerin und

Präsidentin der United States Chemical Company. Im Laufe der Zeit erzielte Shymer immer größere Erfolge als Chemikerin und rief die United States Chemical Company ins Leben. Sie entdeckte unter anderem ein neues Bleichmittel für Textilien und eine keimtötende Substanz, die in Krankenhäusern zum Einsatz gebracht werden sollte. Ihre Errungenschaften brachten ihr viel Anerkennung und Prestige, nach kurzer Zeit genoss sie weltweite Anerkennung. Shymer erhielt eine Einladung von Großbritanniens Premierminister Herbert Asquith und dessen Frau. Anfang 1915 erfuhr der Hof-Physiker von König George V. von Großbritannien von Shymers Entdeckungen und zeigte sich davon sehr beeindruckt.

31. Mai: 1893: Elizabeth Coatsworth geboren (gest. 31. August 1986) , US-amerikanische Schriftstellerin. In den 1920er Jahren begann Coatsworth ihre schriftstellerische Laufbahn als Autorin von

Kinderbüchern mit The Cat and the Captain. 1929 heiratete sie im Alter von 36 Jahren Henry Beston, einen Autor naturhistorischer Werke, mit dem sie zwei Töchter bekam. Die Familie lebte im Wechsel in einem alten Haus in Hingham, Massachusetts, und auf der "Chimney Farm" in Maine. Insgesamt veröffentlichte Coatsworth im Verlauf ihre über fünfzigjährigen Laufbahn als Schriftstellerin mehr als 100 Bücher, neben Bilderbüchern, Kinder- und Jugendbüchern auch Gedichtbände, Kurzerzählungen, Romane und autobiographische Werke.

JUNI

01. Juni: 1889: Sigrid Onégin geboren (gest. 16. Juni 1943) , deutsche Opern- und Konzertsängerin. Zwischen 1922 und 1924 hatte sie Auftritte an der New Yorker Metropolitan Opera und ein Debüt als Amneris in Aida. 1926 bis 1931 wechselte

sie zur Städtischen Oper Berlin. 1927 absolvierte sie ein Gastspiel an der Covent Garden Opera in London mit dem Ring des Nibelungen unter Bruno Walter. 1931 und 1932 erzielte sie bei den Salzburger Festspielen einen Triumph als Orfeo. 1933 und 1934 war sie bei den Bayreuther Festspielen mit Altpartien im Ring des Nibelungen zu hören. 1931 bis 1935 hatte Onégin am Stadttheater Zürich einen Gastspielvertrag. 1942 fand ihr letzter Konzertauftritt in Zürich statt.

02. Juni: 1899: Lotte Reiniger geboren (gest. 19. Juni 1981) , deutsche Scherenschneiderin, Silhouetten-Animationsfilmerin und Buchillustratorin. Ihre Animation mit Silhouetten fotografierte sie auf einem selbstgebauten Tisch. Eine Glasplatte wird von unten beleuchtet, darauf werden die aus schwarzer Pappe geschnittenen und beweglichen Figuren gelegt. Eine oberhalb des Tisches angebrachte Kamera

fotografiert die Szene. Die frühen Stummfilme verlangten 16 Aufnahmen je Sekunde.

03. Juni: 1779: Marie von Clausewitz geboren (gest. 28. Januar 1836), deutsche Herausgeberin der militärhistorischen Werke ihres Ehegatten Carl von Clausewitz. Marie von Clausewitz selbst kommt vor allem aufgrund ihrer andauernden Unterstützung ihres Mannes bei seinem Lebenswerk eine unschätzbare Bedeutung zu. Ihre ständigen Ermunterungen haben wahrscheinlich viel zum Entstehen des Buches Vom Kriege beigetragen. Nach dem Tod ihres Mannes im November 1831 war sie außerdem die Herausgeberin (1832–1834) seiner hinterlassenen Werke, darunter das Hauptwerk Vom Kriege, für welches sie auch das Vorwort verfasste und hatte die Stellung als Oberhofmeisterin der jungen Prinzeß Wilhelm von Preußen, nachmaligen Kaiserin Augusta, übernommen.

04. Juni: 1759: Maria Rosa Coccia geboren (gest. 21. November) , römische Komponistin. Maria Rosa Coccia war eine römische Komponistin zur Zeit Wolfgang Amadeus Mozarts und trat parallel zu ihm als Wunderkind in Rom auf. Sie qualifizierte sich 1774 als Maestra Compositora und Maestra di Capella romana, was in der römischen Geschichte für eine Frau einmalig ist. Papst Clemens XIV. (1769–1774) hatte in Rom das seit Jahrhunderten herrschende Musizier- und Musik-Lernverbot für Frauen und Mädchen aufgehoben, um dem Kastratentum entgegenzuwirken. Das kam Coccia zugute, dennoch belastete die männlich dominierte musikalische Tradition Roms und eine Fehde der Musiker ihren „künstlerischen Höhenflug" in ihrer Entwicklung.

05. Juni: 1887: Ruth Benedict geboren (gest. 17. September 1948) , US-

amerikanische Anthropologin. Bekannt sind ihre Studien bei den Zuñi-, Serrano-, Cochiti-, Pima- und Hopi-Indianern im Südwesten der USA. Zusammen mit Margaret Mead hat Ruth Fulton Benedict viele Forschungsreisen in pazifische Regionen durchgeführt, ihre hierbei erzielten Forschungsergebnisse wurden aber in neueren Studien der Anthropologin Susanne Kuehling teilweise in Frage gestellt. Mead und Benedict entwickelten eine enge wissenschaftliche und freundschaftliche Beziehung. In der Studentenbewegung der späten 60er Jahre war gerade die Rezeption der – methodisch umstrittenen – kulturanthropologischen Studien Margaret Meads oder Ruth Benedicts ein wichtiges Moment, um die scheinbare Naturgegebenheit der tradierten patriarchalen Strukturen zu hinterfragen. Als eine zentrale Voraussetzung für Veränderungen galt für Benedict die Erkenntnis „unserer eigenen Kultur ... (als) nur eine von unzähligen andersartigen Gestaltungsmöglichkeiten menschlicher Kultur". Als Pionierin hatte sie einige Schwierigkeiten durchzustehen – so wurde etwa ihre Schrift über die englische Frauenrechtlerin Mary Wollstonecraft nie veröffentlicht.

06. Juni: 1700: Katharina Dorothea von Schlieben geboren (gest. 15. Juli 1728) , Ahnherrin von europäischen kaiserlichen und königlichen Herrscherfamilien. Am 27. November 1720 heiratete sie den Grafen Georg Adam von Schlieben (III.) (1688–1737) auf Schönberg. Unter den drei Kindern war Leopold von Schlieben (1723–1788), der Marie Eleonore von Lehndorff (1723–1800) heiratete. Die Tochter Friederike Amalie Gräfin von Schlieben (1757–1827) war verheiratet mit Herzog Friedrich Karl Ludwig von Schleswig-Holstein-Sonderburg-Beck, einem Mitglied der dänischen königlichen Familie. Katharina Dorothea ist als Ururgroßmutter von König Christian IX. von Dänemark die Ahnherrin der kaiserlichen und königlichen

Herrscherfamilien des Russischen Kaiserreichs, Dänemarks, Norwegens, des Königreichs Griechenland und des Vereinigten Königreichs von Großbritannien und Nordirland. Sie ist die sechsfache Urgroßmutter von Elisabeth II.

07. Juni: 1909: Virginia Apgar geboren (gest. 7. August 1974), US-amerikanische Chirurgin und Anästhesistin. 1952 entwickelte sie den noch heute weltweit gängigen Apgar-Score. Dieses Bewertungssystem stellte sie auf dem 27. Jahreskongress der amerikanischen Anästhesisten 1952 in Palm Beach vor. Zuvor hatte sie seine Aussagekraft an mehr als eintausend Neugeborenen überprüft. 1953 veröffentlichte sie ihre Ergebnisse und abgeleitete Vorschläge in der Zeitschrift Current Researches in Anesthesia and Analgesia. Ihr Bewertungsindex fand überraschend schnell Anerkennung und verbreitete sich innerhalb weniger Jahre in den gesamten Vereinigten Staaten und

Anfang der 1960er Jahre auch in Europa. In den USA wurde 1963 ein Merkspruch durch Joseph Butterfield eingeführt, der ihren Nachnamen verwendet. Die Interpretation der Buchstaben von „APGAR" als Backronym kann bei den verschiedenen Merksprüchen, auch in verschiedenen Sprachen, jeweils eine unterschiedliche Bedeutung annehmen; dies ist jedoch nicht von Nachteil, da den fünf Kriterien keine Reihenfolge zugeordnet ist.

08. Juni: 2006: Raphaëla le Gouvello erreicht die Insel Réunion nach der ersten Überquerung des Indischen Ozeans auf einem Surfbrett. Raphaëla le Gouvello (* 4. Mai 1960) ist eine französische Windsurferin, die unter anderem den Atlantik, Pazifik (Peru-Tahiti) und Indischen Ozean auf hochseetauglichen 7,50 bis 7,80 m langen und ca. 75 cm flachen Surfgeräten überquert hat. Ihre Erlebnisse auf den Überfahrten hielt sie in bisher drei Büchern fest.

09. Juni: 1909: Alice Ramsey beginnt von New York aus ihre Fahrt mit dem Automobil quer durch die Vereinigten Staaten nach San Francisco. 1908 erwarb die Familie ein Maxwell-Automobil und Alice Ramsey nahm Fahrstunden beim örtlichen Autohändler. Ramsey war fasziniert von dem neuen Transportmittel und wurde zu einer passionierten Autofahrerin. Im September nahm Alice Ramsey mit ihrem Automobil erstmals an einem Langstreckenrennen von Hackensack nach New York City teil. Sie erwies sich als eine ausgezeichnete Fahrerin, die auch auf schwierigem Gelände ihr Fahrzeug beherrschte. Alice Ramsey wurde zur Vorsitzenden des New Yorker Women's Motoring Club gewählt und stand der Frauenabteilung des Maxwell-Briscoe Motor Club vor. Bei weiteren Rennen konnte Ramsey mehrere Siege erreichen.

10. Juni: 1827: Louise Aglaé Massart geboren (gest. 26. Juli 1887) , französische Pianistin, Musikpädagogin und Komponistin. Von 1856 bis 1867 war Massart Mitglied der Société Armingaud et Jacquard, eines Streichquartetts, später Klavierquintetts, das sich der Aufführung der Kammermusik Mozarts, Beethovens, Mendelssohns und Schumanns widmete. 1870 gab sie Kammermusikkonzerte mit Henri Vieuxtemps und Léon Jacquard.1874 übernahm Massart am Conservatoire de Paris die Leitung der Klavierklasse von Louis Farrenc. Zu ihren Schülerinnen zählten Marie Roger-Miclos, Clotilde Kleeberg, Jeanne Arbeau und Gemma Luziani. Als Komponistin trat sie mit Arrangements für Violine und Klavier (u. a. Souvenir de Freischutz. Morceau de salon; Souvenirs du Comte Ory. Morceau de salon.), Variationen und einem Valse brillante (Premiere pensee) für Klavier hervor.

11. Juni: 1749: Louise-Élisabeth de Croÿ de Tourzel geboren (gest. 15. Mai 1832) , Ehrendame von Marie-Antoinette und Gouvernante der königlichen Kinder. Louise-Élisabeth de Croÿ de Tourzel (Louise Élisabeth Félicité Françoise Armande Anne Marie Jeanne Joséphine de Croÿ d'Havré, Markgräfin und spätere Herzogin de Tourzel, war Ehrendame der Königin Marie-Antoinette sowie die letzte Gouvernante der königlichen Kinder Frankreichs unter dem Ancien Régime. Ihre Memoiren geben Aufschluss über das Leben der königlichen Familie während der Revolution. Madame de Tourzel war eine überzeugte Royalistin und den französischen Bourbonen treu ergeben.

12. Juni: 1707: Barbara Helena Preissler geboren (gest. 1758) , deutsche Miniaturmalerin, Kupferstecherin und Wachsbossiererin. Barbara Helena war eine Tochter von Johann Daniel Preissler, von dem sie unterrichtet wurde. 1729 heiratete

sie in zweiter Ehe Philipp Wilhelm Oeding (1697–1781), später Hofmaler in Braunschweig. Sie schuf Kupferstiche mit topografischen Ansichten sowie Gegenstände aus Wachs, Elfenbein und Alabaster. Als Dichterin war sie Mitglied im Pegnesischen Blumenorden mit dem Ordensnamen „Erone" (Alantwurz).

13. Juni: 1861: Jessie Lipscomb geboren (gest. 12. Januar 1952) , britische Bildhauerin. Jessie Lipscomb, verh. Elborne. Sie war mit Camille Claudel und Auguste Rodin befreundet und arbeitete zeitweilig mit ihnen zusammen in einem Atelier in Paris.

14. Juni: 1904: Die deutsche Kaiserin Auguste Viktoria empfängt eine Abordnung des in Berlin tagenden internationalen Frauenkongresses zu einer Privataudienz.

15. Juni: 1889: Clara Blumenfeld geboren (gest. 19. September 1978), deutsche Malerin und Illustratorin. Neben Ölbildern, Aquarellen und Tuschzeichnungen, die unter dem Einfluss von Max Liebermann und den Sezessionisten entstanden, illustrierte sie Familien- und andere gesellschaftliche Ereignisse; Illustrationen von ihr erschienen in verschiedenen literarischen Werken.

16. Juni: 1963: Vom Kosmodrom im kasachischen Baikonur startet Walentina Tereschkowa mit dem Raumschiff Wostok 6 als erste Frau ins Weltall. Walentina Wladimirowna Tereschkowa (* 6. März 1937) ist eine ehemalige sowjetische Kosmonautin. Sie war im Jahre 1963 die erste Frau im Weltraum (bis zum Raumflug von Swetlana Sawizkaja im Jahre 1982 auch die einzige) und ist die einzige Frau in der Raumfahrtgeschichte, die allein, also auf einer Solo-Mission, flog.

17. Juni: 1903: Ilse Schüle geboren (gest. 4. Dezember 1994) , deutsche Schriftschneiderin und Typografin. Eine ihrer Werke war Rhapsodie, Erstguss 1951 bei Schriftgießerei Ludwig & Mayer, Frankfurt am Main.

18. Juni: 1901: Anastasia Nikolajewna Romanowa geboren (ermordet 17. Juli 1918), russische Adelige, jüngste Tochter von Zar Nikolaus II. Im Jahr 2000 wurde Anastasia mit ihrer Familie von der Russisch-Orthodoxen Kirche heiliggesprochen.

19. Juni: 1872: Beatrix Farrand geboren (gest. 28. Februar 1959), US-amerikanische Landschaftsarchitektin. Sie erhielt Aufträge für die Gestaltung von Gärten von großen Anwesen und Landsitzen, Parkanlagen, botanischen

Gärten und Universitäten. Bekannt wurde sie durch die Gestaltung des Jacqueline Kennedy Garden und des White House Rose Garden des Weißen Hauses. Mit ihrem Stil hat sie das US-amerikanische Bild von Landschaftsarchitektur wesentlich geprägt.

20. Juni: 1797: Karolina Gerhardinger geboren (gest. 9. Mai 1879), deutsche Ordensgründerin. Karolina Gerhardinger, Ordensname Maria Theresia von Jesus, war Ordensschwester und Gründerin der Kongregation der Armen Schulschwestern von Unserer Lieben Frau. Sie wurde am 17. November 1985 in Rom seliggesprochen. Papst Pius IX. (1792–1878) bestätigte 1865 die Satzung der Armen Schulschwestern von Unserer Lieben Frau, in der Mutter Theresia die zentrale Leitung ihrer Gemeinschaft zuerkannt wurde, was bis dahin männlichen Ordensoberen vorbehalten gewesen war. Bis zu ihrem Tod am 9. Mai 1879 übte sie das Amt als

Generaloberin mit Weitsicht und Klugheit aus.

21. Juni: 1870: Clara Immerwahr geboren (gest. 2. Mai 1915), deutsche Chemikerin, Frauenrechtlerin und Pazifistin, eine der ersten Frauen in Deutschland mit Doktortitel. Clara Helene Immerwahr war eine deutsche Chemikerin. Als sie 1900 an der Universität Breslau promoviert wurde, war sie die erste Deutsche, die einen Doktorgrad in Chemie erwarb. Wissenschaftlich arbeitete sie im damals neuen Feld der physikalischen Chemie. Nach einem Jahr Berufstätigkeit am chemischen Institut ihres Doktorvaters Richard Abegg in Breslau heiratete sie 1901 den späteren Nobelpreisträger Fritz Haber und musste ihren Beruf aufgeben. Die Ehe verlief unglücklich, insbesondere nach der Geburt ihres Sohnes 1902. Im Jahr 1915 beging Clara Haber Suizid.

22. Juni: 1425: Lucrezia Tornabuoni geboren (gest. 25. März 1482) , Dichterin, Mäzenin und Ehefrau des florentinischen Politikers Piero di Cosimo de' Medici (1416–1469). Lucrezia förderte mittellose Poeten wie Luigi Pulci, der viele Jahre als ihr Hauspoet galt und ihre Töchter und Söhne in Literatur und Philosophie unterrichtete. Ebenso wurde Luigi Pulcis Fähigkeit geschätzt, auf Gesellschaften Verse zu rezitieren, indem er sich über den feierlichen Ernst der „Platonischen Akademie" lustig machte. Für die Erziehung ihrer Kinder engagierte sie Christoforo Landini. 1473 sorgte Lucrezia dafür, dass Angelo Poliziano in den Haushalt ihres Sohnes Lorenzos aufgenommen wurde, um dessen Kinder nach humanistischen Werten zu erziehen. Dies führte allerdings zu Konflikten mit ihrer Schwiegertochter Clarice Orsini, die auf einer traditionellen Ausbildung ihrer Kinder beharrte.

23. Juni: 1810: Fanny Elßler gteboren (gest. 27. November 1884) , österreichische Balletttänzerin. Fanny Elßler, eigentlich Franziska Elßler, war eine weltberühmte österreichische Ballerina. Neben Marie Taglioni, Carlotta Grisi und Fanny Cerrito gehörte sie zu den meistbewunderten, legendären Tänzerinnen der Romantik.

24. Juni: 1941: Julia Kristeva geboren. Julia Kristeva ist eine bulgarisch-französische Literaturtheoretikerin, Psychoanalytikerin, Schriftstellerin und Philosophin. Sie hat um 1965 den Begriff Intertextualität geprägt, um die strukturalistische Literaturinterpretation zu erweitern.

25. Juni: 1678: Elena Lucrezia Cornaro Piscopia erhält als weltweit erste Frau einen Doktortitel in Philosophie. Das gewünschte Fach Theologie bleibt ihr von der Universität Padua mit dem Argument

verschlossen, eine Frau habe in der Kirche zu schweigen.

26. Juni: 1819: Juana Manso de Noronha geboren (gest. 24. April 1875) , argentinische Schriftstellerin, Feministin und Komponistin, Pädagogin und Journalistin.

27. Juni: 1880: Helen Keller geboren (gest. , US-amerikanische Schriftstellerin. Keller lernte, mehrere Fremdsprachen in Brailleschrift zu lesen und zu schreiben: Französisch, Deutsch, Griechisch und Latein. Ab Herbst 1900 besuchte Helen Keller das Radcliffe College und machte am 28. Juni 1904 ihren Abschluss, einen Bachelor of Arts mit der Note cum laude. Später erhielt sie mehrere Ehrendoktorwürden, unter anderem von der Harvard-Universität. Mit dem österreichischen Philosophen und Pädagogen Wilhelm Jerusalem, der als

einer der ersten ihr literarisches Talent entdeckt hatte, unterhielt sie eine Briefkorrespondenz. Später hielt Keller Vorträge, war Pazifistin und Sozialistin, engagierte sich in der American Civil Liberties Union und in der American Foundation for the Blind, setzte sich für die Rechte Unterdrückter ein und schrieb mehrere Bücher. Sie war Mitglied der Sozialistischen Partei Amerikas (SPA).

28. Juni: 1810: Thekla von Gumpert geboren (gest. 1. April 1897), deutsche Kinder- und Jugendschriftstellerin. Durch den weimarischen Legationsrat und Dichter Franz von Schober, ihren späteren Ehemann, den sie im Alter von 46 heiratete und von dem sie sich 1860 wieder trennte, fand sie den Mut, ihre erzieherischen und schriftstellerischen Fähigkeiten zu vereinen und den Weg als Jugendschriftstellerin zu beschreiten. Ihr erstes Werk Der kleine Vater und das Enkelkind brachten den gewünschten Erfolg. Für die nächsten

Jahrzehnte traf sie den Geschmack der damaligen Gesellschaft und wurde zu einer der meistgelesenen und bekanntesten Jugend- und Kinderschriftstellerinnen ihrer Zeit.

29. Juni: 1475: Beatrice d'Este geboren (gest. 2. Januar 1497) , Herzogin von Mailand, Mäzenin von Donato Bramante und Leonardo da Vinci. Beatrice war die zweite Tochter des Herzogs Ercole I. d'Este von Ferrara, Modena und Reggio und der Eleonora von Aragón. Sie heiratete als 16-jährige am 18. Januar 1491 den 40-jährigen Ludovico il Moro (1451–1508), den späteren (ab 1494) Herzog von Mailand, und wurde in ihrer Aufgabe als Mailänder Fürstin die Mäzenin Donato Bramantes, Ludovico Ariostos, und vor allem Leonardo da Vincis. Sie brachte selbst Künstler aus ihrer Heimatstadt Ferrara mit. In den sechs Jahren ihrer Ehe trieb sie darüber hinaus den Ausbau des Mailänder Kastells

(Castello Sforzesco) und der Karthause von Pavia voran.

30. Juni: 1936: Margaret Mitchells (Margaret Munnerlyn Mitchell (* 8. November 1900 ; † 16. August 1949) Roman Vom Winde verweht (Gone With the Wind) erscheint. Für ihren 1936 erschienenen Südstaaten-Roman Vom Winde verweht (Gone with the Wind) wurde sie 1937 mit dem Pulitzer-Preis ausgezeichnet. Die gleichnamige Verfilmung aus dem Jahre 1939 mit Vivien Leigh und Clark Gable in den Hauptrollen ist einer der erfolgreichsten Filme aller Zeiten.

JULI

01. Juli: 1870: Ellen Ammann geboren (gest.23. November 1932) , schwedisch-deutsche Politikerin und kirchliche

Aktivistin, Gründerin des katholischen Bayerischen Frauenbundes, MdL.

02. Juli: 1937: Die Flugpionierin Amelia Earhart verschwindet bei dem Versuch einer Weltumrundung mit ihrem Navigator Fred Noolan spurlos vor der Howlandinsel. Das Ereignis löst die größte Suchaktion vor dem Zweiten Weltkrieg aus und gibt Anlass zu einer Vielzahl von Verschwörungstheorien.

03. Juli: 1876: Die achtjährigen Mädchen Margaretha Kunz, Katharina Hubertus und Susanna Leist aus Marpingen im Saarland berichten erstmals, dass sie im Härtelwald eine Marienerscheinung gehabt hätten. Die Marienerscheinungen in Marpingen 1876/1877, die angeblich bis zum 3. September 1877 andauern, werden bis heute von der Katholischen Kirche nicht anerkannt.

04. Juli: 1801: Isabella Maria geboren (gest.22. April 1876) , portugiesische Prinzessin und Regentin. Isabella Maria von Portugal war eine portugiesische Infantin aus dem Hause Braganza. Von 1826 bis 1828 war sie Regentin von Portugal, zunächst für ihren in Brasilien weilenden Bruder, König Peter IV., danach für ihre minderjährige Nichte Maria II.

05. Juli: 1773: Johanna Elisabeth Bichier des Ages geboren (gest. 26. August 1838), französische Ordensgründerin. Johanna Elisabeth gründete zu Beginn des 19. Jahrhunderts unter Mitwirkung des heiligen Andreas Hubert Fournet die Kongregation der Congrégation des Filles de la Croix („Kreuztöchter"), die 1867 wurde von Papst Pius IX. bestätigt wurde. Dieser Orden widmet sich dem Unterricht sowie der Pflege von Armen und Kranken. Er ist heute vor allem in Frankreich, Italien, Spanien und

Kanada aktiv. Sr. Johanna Elisabeth Sie übte entscheidenden Einfluss auf den hl. Michael Garicoits aus, um diesen zur Gründung einer Priestervereinigung zu bewegen, die sich der christlichen Erziehung widmen sollte.

06. Juli: 1939: Die sowjetische Pilotin Olga Klepikowa stellt mit einem RF-7 Segelflugzeug einen absoluten Streckenrekord auf. Die erflogenen 749,209 Kilometer können erst 1951 durch ein Flugzeug mit Laminarprofil überboten werden.

07. Juli: 1745: Eleonore von Liechtenstein geboren (gest. 26. November 1812), deutsche Salonière. Maria Eleonore Fürstin von Liechtenstein geborene Fürstin von Oettingen-Spielberg bildete den Mittelpunkt des Zirkels der Fünf Fürstinnen, in dem Kaiser Joseph II. in Wien seine Freizeit verbrachte. Im Sommer lebte

Eleonore auf den liechtensteinischen Schlössern Feldsberg und Eisgrub in Mähren, im Winter in Wien. Dort bildete die schöne Schwäbin den Mittelpunkt des 1768 entstandenen Zirkels der Fünf Fürstinnen oder Fünf Damen, in dem Kaiser Joseph II. (1741–1790) über zwei Jahrzehnte lang Entspannung von den Regierungsgeschäften fand. Die andern Mitglieder waren Maria Josepha Fürstin Clary (1728–1801), Maria Sidonia Fürstin Kinsky (1729–1815), Eleonores Schwägerin Maria Leopoldine Fürstin Liechtenstein (1733–1809) und Eleonores Schwester Leopoldine. Als Gäste waren neben Joseph nur dessen Freunde Feldmarschall Lacy (1725–1801) und Oberstkämmerer Orsini-Rosenberg (1723–1796) zugelassen.

08. Juli: 1867: Käthe Kollwitz geboren (gest. 22. April 1945) , deutsche Grafikerin, Bildhauerin und Malerin. Käthe Kollwitz zählt zu den bekanntesten deutschen Künstlerinnen des 20. Jahrhunderts. Mit

ihren oft ernsten, teilweise erschreckend realistischen Lithografien, Radierungen, Kupferstichen, Holzschnitten und Plastiken, die auf persönlichen Lebensumständen und Erfahrungen basieren, entwickelte sie einen eigenständigen, Einflüsse von Expressionismus und Realismus integrierenden Kunststil.

09. Juli: 1762: Katharina II. wird nach einem Putsch ihrer Garden zur alleinigen Zarin Russlands ausgerufen, ihr außerhalb Sankt Petersburg weilender Gemahl, Zar Peter III., von der Entwicklung völlig überrascht.

10. Juli: 1846: Elisabeth Förster-Nietzsche geboren (gest. 8. November 1935) , deutsche Gründerin des Nietzsche-Archivs. Therese Elisabeth Alexandra Nietzsche war die Schwester des Philosophen Friedrich Nietzsche. Als alleinige Nachlassverwalterin ihres Bruders,

Gründerin und Leiterin des Weimarer „Nietzsche-Archivs" nahm sie in der ersten Hälfte des 20. Jahrhunderts erheblichen Einfluss auf den Nietzsche-Kult in Deutschland.

11. Juli: 1899: Margot von Gans geboren (gest. 1986) , deutsche Luftfahrtpionierin und Automobilrennfahrerin. Margot teilte mit ihrem Vater dessen beide Interessengebiete – die Fliegerei und den Automobilsport. Mit Ernst Udet unternahm sie in den 1920er Jahren spektakuläre Flüge. Erfolge als Automobil-Rennfahrerin erzielte sie unter anderem 1926 auf Steyr VI Sport mit dem Sieg in der Kategorie der Sportwagen bis 5 Liter Hubraum beim Rennen Rund um die Solitude in Stuttgart und 1927, als sie das Feldbergrennen am Großen Feldberg im Taunus in derselben Klasse in einem 4500-cm³-Steyr des Rennteams Heusser / von Einsiedel gewann.

12. Juli: 1912: Anna Maria Peduzzi geboren (gest. 23. August 1979) , Italienische Autorennfahrerin. Anna Maria Peduzzi war viele Jahre die bekannteste und erfolgreichste italienische Autorennfahrerin. Die Spitznamen Marocchina und Moroccan Girl verdankte sie ihrem dunklen Teint, die Leidenschaft für schnelle Autos Gianfranco Comotti, den sie 1932 heiratete. Comottis großzügiges Hochzeitsgeschenk war ein neuer Alfa Romeo 6C 1500 mit Zagato-Karosserie. Der Wagen kam oft zum Einsatz, da Peduzzi den Alfa Romeo fast jedes Wochenende bei Berg- und Straßenrennen meldete. Comotti war 1934 Werksfahrer der Scuderia Ferrari, wodurch Peduzzi zu ihrem ersten Einsatz bei der Mille Miglia kam. Sie fuhren einen Alfa Romeo 6C 1500 SSft Spider Brianza an die 13. Stelle der Gesamtwertung und zum Sieg in der Klasse für Sportwagen bis 1,5 Liter Hubraum.

13.Juli: 1900: Teresa de Los Andes geboren (gest. 12. April 1920), chilenische Nonne, Heilige der römisch-katholischen Kirche. Von Teresa de Los Andes sind 164 Briefe und ein Tagebuch erhalten. In den Briefen aus der Schulzeit an den Beichtvater, und später an die Priorin des Karmels von Los Andes (ab September 1917), wird ihr Weg hin zu einem kontemplativen Leben in der Klausur deutlich. Als Novizin setzte sie mit Erlaubnis der Priorin ihre Korrespondenz fort und berichtete vor allem vom Leben in der Klausur. Im Tagebuch sind ihre mystischen Erfahrungen niedergeschrieben.

14. Juli: 1866: Juliette Wytsman geboren (gest. 8. März 1925) , belgische Malerin des Impressionismus. Juliette Wytsman, geb. Trullemans, war eine belgische Landschaftsmalerin. Sie gilt als eine der bedeutendsten Vertreterin des belgischen Impressionismus Ende des 19. bis Anfang des 20. Jahrhunderts.

15.	Juli:	1858: Emmeline Pankhurst geboren (gest. 14. Juni 1928), britische radikal-feministische	Theoretikerin, Frauenrechtlerin und Philosophin. Am 10. Oktober 1903 gründete sie zusammen mit ihrer Tochter Christabel und vier weiteren Frauen in Manchester die Women's Social and Political Union (WSPU), eine radikal-bürgerliche	Frauenbewegung.	Sie entwickelte eine Theorie des gewaltlosen Widerstandes,	die	später	von	der Frauenbewegung in den USA übernommen wurde. Auch ihre Töchter Sylvia und Christabel waren in der Frauenbewegung aktiv, deren Methoden sich immer mehr radikalisierten und schließlich sogar Brand- und Bombenanschläge umfassten, weshalb Pankhurst mehrmals verhaftet wurde.

16.	Juli:	1897: Ruth Beutler geboren (gest. 22. Oktober 1959) , deutsche Zoologin.	In	ihrer	wissenschaftlichen

Tätigkeit widmete sie sich besonders der Erforschung der Europäischen Honigbiene (Apis mellifera).

17. Juli: 1959: Mary Leakey findet in der tansanischen Olduvai-Schlucht Reste eines uralten Schädels. Die als Paranthropus boisei bezeichnete Primatenart ist der bislang älteste bekannte Vorfahre des Menschen. Mary Douglas Nicol Leakey (* 6. Februar 1913 in London; † 9. Dezember 1996 in Nairobi) war eine britische Archäologin. Sie war eine der bedeutendsten Paläoanthropologen des 20. Jahrhunderts und fand unter anderem 1959 das erste Fossil eines „Zinjanthropus" (Paranthropus boisei), des so genannten Nussknackermenschen.

18. Juli: 1804: Elizabeth Gould geboren (gest. 15. Aufgust 1841) , britische Illustratorin. Elizabeth Gould war eine englische Illustratorin und die Frau des

Zoologen John Gould. Für seine ornithologischen Bücher fertigte sie viele Lithografien an. Ihre Arbeiten wurden jedoch überschattet durch den Ruhm ihres Mannes, so dass ihr Ansehen und ihre Bedeutung für das wissenschaftliche Werk von John Gould fast in Vergessenheit gerieten.

19. Juli: 1921: Rosalyn Sussman Yalow geboren (gest. 30. Mai 2011) , US-amerikanische Nuklearmedizinerin, Nobelpreisträgerin. Rosalyn Yalow, geb. Sussman war eine US-amerikanische Physikerin und Nuklearmedizinerin. Sie arbeitete vor allem auf dem Gebiet der Hormonforschung. 1977 wurde sie mit dem Medizin-Nobelpreis ausgezeichnet.

20. Juli: 1639: Die Klöpplerin Kirsten Svendsdatter entdeckt das längere der beiden Goldhörner von Gallehus. Sie sind die berühmtesten archäologischen Funde

in Dänemark. Das kürzere wird im Jahr 1734 ebenfalls zufällig aufgefunden.

21. Juli: 1856: Louise Blanchard Bethune geboren (gest. 18. Dezember 1913), US-amerikanische Architektin. Jennie Louise Blanchard Bethune, geborene Blanchard, war die erste professionelle Architektin in den Vereinigten Staaten und unter anderem erstes weibliches Mitglied des American Institute of Architects.

22. Juli: 1747: Maria Katharina Prestel geboren (gest. 16. März 1794) , deutsche Malerin, Kupferstecherin und Radiererin. Maria Katharina Prestel geb. Höll war eine deutsche Pastell- und Aquarellmalerin, Kupferstecherin und Radiererin.

23. Juli: 1721: Anna Dorothea Therbusch geboren (gest. 9. November

1782) , deutsche Malerin des Rokoko. Anna Dorothea Therbusch schuf etwa 200 Gemälde. Sie befinden sich u. a. in den Neuen Kammern, im Neuen Palais und im Schloss Sanssouci in Potsdam, in der Berliner Gemäldegalerie, im Staatlichen Museum Schwerin, in den Mannheimer Reiss-Engelhorn-Museen und im Düsseldorfer Schloss Benrath. Bei vielen ihrer Gemälde ist der Verbleib unbekannt.

24. Juli: 1868: In der Schweiz entsteht in der Frauenbewegung die erste internationale Frauenrechtsorganisation. Die Genferin Marie Goegg-Pouchoulin gründet die Association internationale des femmes.

25. Juli: 1984: Während der Mission Sojus T-12 unternimmt Swetlana Jewgenjewna Sawizkaja als erste Frau einen Außenbordeinsatz.

26. Juli: 1872: Maria Dahl geboren (gest. 6. Januar 1972) , deutsche Zoologin. Dahl schrieb in der seit 1925 herausgegebenen Reihe "Die Tierwelt Deutschlands" und war nach dem Tod ihres Mannes im Jahre 1929 bis 1968 Herausgeberin derselben.

27. Juli: 1740: Jeanne Baret geboren (gest. 1807), französische Naturforscherin und Weltumseglerin. Jeanne Baret war Mitglied der Expedition, die Louis Antoine de Bougainville zwischen 1766 und 1769 mit den Schiffen La Boudeuse und L'Étoile in den Südpazifik führte. Sie ist vermutlich die erste Frau, die die Welt umsegelt hat; mit Sicherheit ist sie die erste Frau, die als Mann verkleidet um die Welt segelte.

28. Juli: 1808: Cristina Trivulzio Belgiojoso geboren (gest. 5. Juli 1871) ,

italienische Freiheitskämpferin und Historikerin. Sie war Botin und Verfasserin von Pamphleten gegen die Österreichische Fremdherrschaft in ihrem Land.

29. Juli: 1876: Adeline Rittershaus-Bjarnason geboren (gest. 6. September 1924) , deutsche Philologin und Germanistin. Adeline Rittershaus war eine deutsche Philologin, Germanistin und Vorkämpferin für die Gleichberechtigung der Frauen. Sie promovierte im Jahr 1898 als eine der ersten Frauen an der Universität Zürich und erwarb 1902 als erste Frau eine Venia legendi an der Philosophischen Fakultät I der Universität Zürich. Ihre bekannteste Schrift ist eine Sammlung isländischer Volksmärchen.

30. Juli: 1947: Françoise Barré-Sinoussi geboren, französische Virologin und Nobelpreisträgerin. Françoise Barré-Sinoussi ist eine französische Virologin,

die im Jahr 2008 zusammen mit Luc Montagnier für ihre Arbeiten über das HI-Virus mit einer Hälfte des Nobelpreises für Physiologie oder Medizin ausgezeichnet wurde.

31. Juli: Jeanne Marie Ignace Thérésia Cabarrus geboren (gest. 15. Januar 1835) wurde nach dem Umsturz vom 9. Thermidor (27. Juli 1794) bekannt als „Madame Tallien" oder „Notre-Dame de Thermidor" und war eine einflussreiche und bekannte Kurtisane des spätrevolutionären Frankreichs.

„Ich hatte einen Traum. Ich träumte, ich werde am nächsten Tag hingerichtet. Dies könne man ändern, wenn es nicht kleinmütige Schwächlinge, sondern richtige Männer gäbe." (Herausgeschmuggelte Botschaft aus dem Gefängnis in dem sie einsaß)

01. August: 1808: Luise Löbbecke geboren (gest. 29. Mai 1892) , deutsche Sozialreformerin.   Luise   Löbbecke, Sozialreformerin,   gehörte   zur Braunschweiger Bankiersfamilie Löbbecke und machte sich um die Wohlfahrtspflege der Stadt Braunschweig verdient. Sie gehört zu Braunschweigs Ehrenbürgerinnen.

02.   August: 1780: Marie-Anne Gaboury geboren (gest. 14. Dezember 1875) , erste Siedlerin europäischer Abstammung in Westkanada. Marie-Anne Lagimodière, geb. Gaboury war eine Frankokanadierin, die zu Beginn des 19. Jahrhunderts nachweislich als erste Frau europäischer Abstammung in das heutige Westkanada reiste und sich dort niederließ. Sie ist auch die Großmutter von Louis Riel, dem Gründer der Provinz Manitoba.

03. August: 1735: Juliane Charlotte Friederike Grimm geboren (gest. 18.Dezember 1796) , Tante der Brüder Grimm. Juliane Charlotte Friederike Grimm, verehelichte Schlemmer, war Erzieherin, Hauslehrerin und wichtige emotionale Bezugsperson sowie zeitweise finanzielle Unterstützerin von Jacob (1785–1863) und Wilhelm Grimm (1786–1859).

04. August: 1880: Eleonore Noll-Hasenclever geboren (gest. 18. August 1925) , deutsche Alpinistin. Eleonore Noll-Hasenclever war eine deutsche Bergsteigerin und galt als die erfolgreichste Bergsteigerin ihrer Zeit. Sie bestieg acht Mal das Matterhorn sowie mehrmals den Mont Blanc und die umliegenden Gipfel. 1909 veröffentlichte sie ihre ersten alpinistischen Erfahrungen in dem Buch „Die Besteigung des Dôme de Rochefort

über die Aiguille de Rochefort und des Mont Mallet".

05. August: 1529: Luise von Savoyen und Margarethe von Österreich handeln den Damenfrieden von Cambrai aus und beenden so den Krieg der Liga von Cognac zwischen Kaiser Karl V. und Franz I. von Frankreich.

06. August: 1926: Die US-Amerikanerin Gertrude Ederle durchschwimmt als erste Frau den Ärmelkanal und benötigt dazu 14 Stunden und 39 Minuten.

07. August: 1876: Mata Hari, niederländische Tänzerin geboren (hingerichtet 15. Oktober 1917) . Mata Hari war der Künstlername der niederländischen Tänzerin Margaretha Geertruida Zelle. Während ihrer Ehe

verwendete sie auch die Namen Marguerite Campbell und Lady Gretha MacLeod. Als Agentin für den deutschen Nachrichtendienstes führte sie den Decknamen H 21.

08. August: 1863: Florence Augusta Merriam Bailey geboren (gest. 22. September 1948), US-amerikanische Ornithologin. Sie begann mit der Vogelbeobachtung zu einer Zeit, als die Ornithologie sich auf die Untersuchung von Präparaten stützte. Vor 1885, als Federn als Zierschmuck an Hüten verbreitet waren, schrieb Bailey Artikel über die Notwendigkeit von Maßnahmen zum Schutz der Vögel. Sie bemühte sich um Aufklärung der Öffentlichkeit über den Wert der Tiere. Bald darauf erließ der Kongress der Vereinigten Staaten ein die Einfuhr von Vögeln verbietendes Gesetz. Das bewirkte eine Erholung der Wasservogelbestände, darunter Pelikane und Lappentaucher. Im Laufe der Zeit

änderte sich die Mode dahingehend, dass das Interesse an Vogelfedern zur Dekoration verschwand.

09. August: 1861: Dorothea Klumpke geboren (gest. 5. Oktober 1942), US-amerikanische Astronomin. 1893 war sie die erste Frau, die in Frankreich einen Doktorgrad in Mathematik erhielt mit einer Dissertation über die Saturnringe. Zu den Prüfern zählten Gaston Darboux, Marie Henri Andoyer und Félix Tisserand.

10. August: 1770: Dorothea Schlözer geboren (gest. 12. Juli 1825), deutsche Philosophin. Freifrau Dorothea von Rodde-Schlözer war eine deutsche Philosophin und Salonnière. Sie zählt zu der als „Universitätsmamsellen" bekannten Gruppe Göttinger Gelehrtentöchter des 18. Jahrhunderts und promovierte 1787 als zweite Frau in Deutschland.

11. August: 1893: Erna Walter geboren (gest. 2. Januar 1992), deutsche Botanikerin. 1924 heiratete sie den Geobotaniker Heinrich Walter. Mit diesem zusammen unternahm sie zahlreiche Forschungsreisen, bei denen sie sich insbesondere den Flechten und Moosen widmete. Sie hatte einen großen Anteil an den Forschungsergebnissen ihres Mannes. Ihre Pflanzenfunde sind im Herbarium München aufbewahrt. Es enthält unter anderem Moose und Flechten aus Argentinien, Australien, Chile, Deutschland, Finnland, Frankreich, Griechenland, Italien, Jugoslawien, Kanada, Namibia, Neuseeland, Norwegen, Österreich, Spanien, Südafrika, Schweden, der Schweiz, aus der Türkei, von den Britischen Inseln sowie aus Venezuela.

12. August: 1899: Thea Rasche geboren (gest. 25 Februar 1971) , deutsche Pilotin und Journalistin. Theodora „Thea"

Rasche war eine deutsche Kunstfliegerin und zeitweise Journalistin. In den USA The Flying Fräulein genannt, war sie die erste deutsche Frau mit Kunstflugschein und eine der international bekanntesten deutschen Fliegerinnen aller Zeiten.

13. August: 1781: Betty Gleim geboren (gest. 27.März 1827) , deutsche Pädagogin, Schulgründerin und Schriftstellerin. Die pädagogische Autodidaktin Betty Gleim eröffnete am 14. Oktober 1806 im Alter von 24 Jahren am Spitzenkiel in Bremen die Lehranstalt für Mädchen. Bald schon hatte die Schule 80 Schülerinnen, die sie selbst in Fächern wie Geschichte und Geographie unterrichtete. Auch Mathematik und Physik waren ihr wichtig und sie selbst schaffte Maschinen und Werkstatteinrichtungen eigens für die Schüler herbei. Ihrer Meinung nach lag der Schlüssel zu einem selbstbestimmten Leben einer Frau in einer (praktischen) Ausbildung.

14. August: 1767: Christine Englerth geboren (gest. 4.Mai 1838) , deutsche Unternehmerin und Eigentümerin von Steinkohle-Bergwerken im Raum Aachen. Christine Englerth, war eine deutsche Unternehmerin als Eigentümerin von Steinkohle-Bergwerken im Aachener Steinkohlenrevier, aus denen später der Eschweiler Bergwerks-Verein hervorging.

15. August: 1896: Gerty Cori geboren (gest. 26. Oktober 1957) , US-amerikanische Biochemikerin, Nobelpreisträgerin. Gerty Theresa Cori (geborene Radnitz) war eine österreichisch-US-amerikanische Biochemikerin und Nobelpreisträgerin. Für ihren Beitrag zur Entdeckung des Glykogen-Metabolismus wurde sie als erste Frau mit dem Nobelpreis für Physiologie ausgezeichnet. Unterstützt von ihrem Ehemann Carl Ferdinand Cori und dem argentinischen

Physiologen Bernardo Alberto Houssay beschrieb sie den Kreislauf von Glykogenabbau zu Milchsäure im Skelettmuskel und Glucoseaufbau in der Leber, auch bekannt als Cori-Zyklus.

16. August: 1872: Jane Atché geboren (gest. 6. Februar 1937) , französische Malerin, Grafikerin und Plakatkünstlerin des Jugendstils. Sie war im Zeitraum von 1895 bis 1912 künstlerisch tätig.

17. August: 1996: Mit der Mission Sojus TM-24 startet die erste französische Raumfahrerin Claudie André-Deshays zur russischen Raumstation Mir.

18. August: 1900: Vijaya Lakshmi Pandit geboren (gest. 1. Dezember 1990) , indische Politikerin und UNO-Diplomatin. Sie war die Schwester von

Ministerpräsident Jawaharlal Nehru und die Tante von Indira Gandhi. Im Jahr 1952 wurde sie zur Präsidentin der 8. Sitzungsperiode der UN-Generalversammlung gewählt und war damit die erste Frau, die diese Funktion ausgeübt hat.

19. August: 1561: Die 18-jährige Witwe Maria Stuart kehrt nach Schottland zurück, um nach 13 Jahren Aufenthalt in Frankreich den schottischen Thron zu übernehmen.

20. Aufgust: 1762: Elisabeth von Mattgeboren (gest. 1. März 1814) , österreichische Astronomin und Geodätin. Elisabeth von Matt, geborene Humelauer, auch bekannt als Elisabeth Freiin von Matt. Sie ist die einzige Frau in der österreichischen Monarchie, deren astronomische Beobachtungen in Fachzeitschriften veröffentlicht wurden und dadurch überregionale Bedeutung erlangten.

21. August: 1874: Alice Schalek geboren (gest. 6. November 1956). Sie war eine österreichische Journalistin, Fotografin, Autorin, Rednerin und Reisende. Als Journalistin verfasste sie sowohl Reisefeuilletons als auch Kriegsberichte zum Ersten Weltkrieg; sie war dabei die einzige Kriegsberichterstatterin des Kriegspressequartiers.

22. August: 1871: Lydia Rabinowitsch-Kempner geboren (gest. 3. August 1935) , russisch-deutsche Mikrobiologin. Ihr wurde als zweiter Frau in Preußen und als erster in Berlin der Professorentitel verliehen. Sie gab außerdem als erste Frau mit der Zeitschrift für Tuberkulose eine Fachzeitschrift heraus und wies die Übertragung der Tuberkelbazillen durch

infizierte Kuhmilch nach. Im Jahr 1920 übernahm Rabinowitsch-Kempner das Bakteriologische Institut am Städtischen Krankenhaus Moabit.

23. August: 2006: Die 18-jährige Natascha Kampusch entkommt nach achteinhalb Jahren Gefangenschaft ihrem Entführer Wolfgang Přiklopil in Niederösterreich.

24. August: 1510: Elisabeth von Brandenburg geboren (gest. 25. Mai 1558) , hohenzollernsche Prinzessin, Herzogin von Braunschweig-Calenberg-Göttingen („Reformationsfürstin"). Elisabeth von Brandenburg war eine Prinzessin aus dem Haus der Hohenzollern und durch Heirat Herzogin von Braunschweig-Calenberg-Göttingen sowie seit 1546 Gräfin und Frau zu Henneberg. Sie gilt als „Reformationsfürstin", die zusammen mit dem hessischen Reformator Anton Corvinus

die Reformation im heutigen Südniedersachsen durchsetzte.

25. August: 1588: Elizabeth Poole geboren (gest. 21. Mai 1654). Sie war eine englische Siedlerin, die die Stadt Taunton im heutigen US-Bundesstaat Massachusetts gründete. Sie ist die erste bekannte Gründerin einer Stadt in den Vereinigten Staaten.

26. August: 1857: Agnes Gosche, deutsche Philologin, geboren (gest. 14. März 1928). Agnes Gosche war eine deutsche Lehrerin, promovierte Kunsthistorikerin, und Wegbereiterin der beruflichen Frauenbildung. Sie erwarb 1898 in Zürich ihren Doktorgrad in Kunstgeschichte und gehört damit zu den ersten promovierten Kunsthistorikerinnen in Deutschland.

27. August: 1910: Die deutsche Sozialistin und Frauenrechtlerin Clara Zetkin schlägt auf der Zweiten Internationalen Sozialistischen Frauenkonferenz in Kopenhagen die Einführung eines internationalen Frauentages vor, ohne jedoch ein bestimmtes Datum zu favorisieren. Er wird später auf den 8. März festgelegt.

28. August: 1748: Amalie von Gallitzin, deutsche Mitbegründerin des „romantischen" Katholizismus, geboren (gest. 27. April 1806). Sie war eine „Pendlerin" zwischen Aufklärung und Katholizismus und eine Mitbegründerin des „romantischen" Katholizismus. Als Salonnière war sie an der katholischen Aufklärung im Hochstift Münster beteiligt.

29. August: 1769: Philippine Rose Duchesne, französische Nonne, Missionarin und Heilige, geboren (gest. 18. November

1852) Sie war eine französische Ordensschwester und ist eine Heilige der römisch-katholischen Kirche.

30. August: 1797: Mary Shelley, englische Schriftstellerin, geboren (gest. 1. Februar 1851). Mary Shelley war eine britische Schriftstellerin des frühen 19. Jahrhunderts. Sie ist als Autorin von Frankenstein oder Der moderne Prometheus (1818), einem der bekanntesten Werke der romantischen und fantastischen Literatur, in die Literaturgeschichte eingegangen. Zu ihrem Gesamtwerk zählen mehrere Romane, Kurzgeschichten, Theaterstücke, Essays, Gedichte, Rezensionen, Biografien und Reiseerzählungen. Sie gab außerdem das Werk ihres früh verstorbenen Ehemanns Percy Bysshe Shelley heraus. Ihr Vater war der Sozialphilosoph und Begründer des politischen Anarchismus William Godwin. Ihre Mutter war die Schriftstellerin und Feministin Mary Wollstonecraft, die mit

Verteidigung der Rechte der Frau (1792) eine der grundlegenden Arbeiten der Frauenrechtsbewegung verfasste.

31. August: 1870: Maria Montessori, italienische Ärztin und Pädagogin, geboren (gest. 6. Mai 1952). Sie war eine italienische Ärztin, Reformpädagogin und Philosophin. Sie entwickelte die Montessoripädagogik.

SEPTEMBER

01. September: 1895: Hertha Sponer, deutsche Physikerin, geboren (gest. 17. Februar 1968). Als zweite Frau nach Emmy Noether habilitierte sie sich an der Universität Göttingen. Sie emigrierte 1936 in die USA und lehrte als Professorin bis zu ihrer Emeritierung an der Duke University. Wissenschaftlich bedeutsam sind ihre Beiträge zur Anwendung

quantentheoretischer Methoden in der Atom- und Molekülphysik.

02. September: 1871: Hildegard Wegscheider, deutsche Lehrerin und Politikerin, geboren (gest. 4 April 1953). Erste deutsche Frau mit Doktortitel.

03. September: 1944: Anne Frank wird mit dem letzten Transport vom Durchgangslager Westerbork ins Vernichtungslager Auschwitz-Birkenau deportiert.

04. September: 1948: Juliana Louise Emma Marie Wilhelmina Herzogin von Mecklenburg-Schwerin übernimmt die Amtsgeschäfte und wird faktisch Königin der Niederlande. Ihre Inthronisation findet zwei Tage später statt.

05. September: 1899: Christine Hardt aus Dresden lässt ein Frauenleibchen als Brustträger, einen Vorläufer des Büstenhalters, patentieren.

06. September: 1829: Harfenjule, Berliner Straßensängerin und Stadtoriginal, geboren (gest. 8. Januar 1911). Harfenjule ist der Spitzname von Luise Nordmann, geb. Schulz, wurde aber dann auch zum allgemeinen Begriff für Straßensängerinnen.

07. September: 1791: Als Antwort auf die Erklärung der Menschen- und Bürgerrechte während der Französischen Revolution 1789, die sich nur auf Männer bezieht, veröffentlicht Olympe de Gouges ihre Erklärung der Rechte der Frau und Bürgerin, die erste wirklich umfassende Formulierung der Menschenrechte. Diese und andere systemkritische Schriftstücke

werden 1793 der Grund für ihre Hinrichtung auf der Guillotine sein.

08. September: 1921: Die sechzehnjährige Margaret Gorman gewinnt den Schönheitswettbewerb in Atlantic City und wird nachträglich zur ersten Miss America erklärt. Sie ist jüngste und kleinste Siegerin aller bisherigen Wettbewerbe.

09. September: 1933: Anna Arfelli Galli, italienische Medizinerin und Psychologin, geboren (gest. 1. Mai 2019). Ihre 1957 angenommene, von Canestrari betreute Dissertation beschäftigte sich bereits mit einem entwicklungspsychologischen Thema, nämlich mit dem Lächeln des Säuglings. Die Entwicklungspsychologie und die Lehrerausbildung wurden dann auch zu den beiden Schwerpunkten ihrer weiteren Lehr- und Forschungstätigkeit. Anna Arfelli Galli lehrte ab 1971 Entwicklungspsychologie

und Pädagogische Psychologie an der Universität Macerata, zuerst als Dozentin, von 1991 bis 2003 als ordentliche Universitätsprofessorin. Nach ihrer Emeritierung im Jahr 2003 war Anna Arfelli Galli bis Ende 2012 Direktorin des Forschungszentrums für Entwicklungspsychologie und Erziehung an der Universität Macerata. Ihre letzten Publikationen befassen sich vor allem mit den entwicklungspsychologischen Forschungsarbeiten der Gestalttheorie. Dazu legte sie auch eine Sammelübersicht in Buchform vor, Gestaltpsychologie und Kinderforschung (2013).

10. September: 1638: Maria Teresa von Spanien, Cousine und Gemahlin des Sonnenkönigs Ludwig XIV, geboren (gest. 30. Juli 1683). Als Tochter des spanischen Königs Philipp IV. war sie Infantin von Spanien und als Prinzessin aus dem Hause Österreich wird sie auch Maria Theresia von Österreich genannt; zudem führte sie den

Titel Erzherzogin von Österreich. Im Jahr 1660 wurde sie mit dem Sonnenkönig Ludwig XIV. vermählt und war dadurch vom 9. Juni 1660 bis zum 30. Juli 1683 Königin von Frankreich und Navarra. Die Schließung dieser Ehe besiegelte nach einem langjährigen Krieg den vereinbarten Frieden zwischen Frankreich und dem habsburgischen Spanien. Diese Ehe war für sie sehr unglücklich und sie stand schon bald dauerhaft im Schatten von Ludwigs wechselnden Mätressen. Im Alter von 44 Jahren starb sie. Sie war die Großmutter Philipps V. von Spanien und Urgroßmutter Ludwigs XV. von Frankreich.

11. September: 1877: Amélie Thyssen, Ehefrau von Fritz Thyssen und Stifterin, geboren (gest. 25. August 1965). Am 7. Juli 1959 gründeten Amélie und ihre Tochter die Fritz Thyssen Stiftung zur Förderung von Wissenschaft und Forschung mit Aktien im Nominalwert von nahezu 100 Mio. DM, die erste große, private

wissenschaftliche Einzelstiftung im Nachkriegsdeutschland.

12. September: 1897: Irène Joliot-Curie, französische Chemikerin und Nobelpreisträgerin, geboren (gest. 17. März 1956). Sie war eine französische Physikerin und Chemikerin. Joliot-Curie erhielt mit ihrem Ehemann Frédéric Joliot 1935 den Chemienobelpreis für die Entdeckung der künstlichen Radioaktivität. Sie war die Tochter von Marie und Pierre Curie, Schwester der Schriftstellerin Ève Curie, Mutter der Kernphysikerin Hélène Langevin-Joliot und des Biochemikers Pierre Joliot.

13. September: 1911: Melli Beese absolviert an ihrem 25. Geburtstag mit einer Rumpler-Taube die vorgeschriebenen Runden und Figuren zum Erwerb einer Pilotenlizenz und erhält danach als erste

Frau in Deutschland die „Flugzeugführerlizenz".

14. September: 1829: Katharina Lanner, österreichische Tänzerin und Ballettmeisterin, geboren (gest. 15. November 1908). Die Tochter des Komponisten Joseph Lanner und seiner Frau Franziska geb. Jahns studierte an der Schule der Wiener Hofoper und debütierte 1845 im Theater am Kärntnertor in Antonio Guerras Angelica. 1847 hatte sie ihren ersten großen Erfolg als Fenella in der Oper Die Stumme von Portici. Weitere Hauptrollen tanzte sie als Myrtha in Giselle (1852) sowie in den Balletten Die verwandelten Weiber (1853) von Paul Taglioni und Der Toreador (1854) von Antoine Bournonville.

15. September: 1872: Ina von Grumbkow, deutsche Abenteurerin und Autorin, geboren (gest. 30. Januar 1942).

Viktorine Helene Natalie von Grumbkow, war eine deutsche Reiseschriftstellerin.

16. September: 1813: Eleonore Prochaska (Jäger August Renz), die sich als Mann in das Lützowsche Freikorps eingeschlichen hat, wird in der Schlacht an der Göhrde während der Befreiungskriege tödlich verletzt.

17. September: 1877: Jutta Sika, österreichische Kunstgewerblerin, geboren (gest. 2. Januar 1964). Jutta Sika, geborene Josepha Sika war eine österreichische Keramikerin, Produktdesignerin und Grafikerin. Sie war Mitglied der Künstlergemeinschaft der Wiener Werkstätte und Gründungsmitglied des Österreichischen Werkbundes.

18. September: 1975: Patty Hearst, Enkeltochter des Verlegers Randolph Hearst, die sich nach ihrer Entführung durch die SLA dieser angeschlossen hatte, wird verhaftet.

19. September: 1669: Henriette Christine von Braunschweig-Wolfenbüttel, Äbtissin des Stiftes Gandersheim, geboren (gest. 20. Januar 1753) . Am 9. November 1681 erhielt die noch minderjährige Henriette Christine eine Kanonissenpräbende in Gandersheim. Am 2. November 1687 wurde sie im Beisein ihres Vaters feierlich in ihr Amt eingeführt, sie residierte jedoch noch nicht im Stift. Nach dem Tod der Äbtissin Christina zu Mecklenburg († 30. Juni 1693) wurde Henriette Christine am 21. Dezember 1693 vom Kapitel einstimmig zur neuen Äbtissin gewählt. Am 24. April 1694 wurde sie im Beisein ihrer Eltern feierlich inthronisiert und am 27. September 1694 wurde ihre Wahl von Kaiser Leopold I. bestätigt.

20. September: 1771: Katharina Lanz, Tiroler Freiheitskämpferin, geboren (gest. 8. Juli 1854).Katharina Lanz, auch ladinisch Catarina Lanz war eine Magd und Tiroler Freiheitskämpferin. Sie gilt als eine Art Jeanne d'Arc Tirols. Im Gegensatz zu Eleonore Prochaska und anderen Frauen kämpfte sie als Bauernmagd und nicht als Mann verkleidet.

21. September: 1817: Maria Merkert , deutsche Mitbegründerin der Kongregation der Schwestern von der heiligen Elisabeth, geboren (gest. 14. September 1872). Maria Luise Merkert wurde am 30. September 2007 seliggesprochen.

22. September: 1868: Louise McKinney, kanadische Politikerin und Frauenrechtlerin, geboren (gest. 10. Juli 1931). McKinney, geborene Crummey war

eine kanadische Provinzpolitikerin und Frauenrechtlerin. Sie war die erste Frau, die in der Legislativversammlung von Alberta vereidigt wurde, und die erste Frau, die in Kanada und im britischen Empire in ein Parlament gewählt wurde. Sie behielt ihr Mandat von 1917 bis 1921 und saß danach für die Alberta Non-Partisan League in der Opposition.

23. September: 1754: Anna Barbara von Stetten, deutsche Wohltäterin und Stifterin, geboren (gest. 19. Februar 1805). Sie war eine Wohltäterin und Stifterin der Bürgerlichen Töchterschule. Diese Schule verschaffte in Augsburg erstmals protestantischen Frauen einen Zugang zu höherer Bildung.

24. September: 1898: Ilse Essers, deutsche Ingenieurin, geboren (gest. 18. Februar 1994). Ilse Essers, geboren als Ilse Kober, war eine deutsche Ingenieurin, die

durch ihre Erkenntnisse und Erfindungen wesentliche Grundlagen im Bereich der Luftfahrttechnik, Baukonstruktion und dem Maschinenbau schuf.

25. September: 1974: Initiiert von Mildred Scheel (1931-1985) wird in Bonn die Deutsche Krebshilfe gegründet.

26. September: 1876: Edith Abbott, US-amerikanische Sozialreformerin, geboren (gest. 28. Juli 1957) Abbott war eine US-amerikanische Sozialwissenschaftlerin, Sozialreformerin, Dekanin der School of Social Service Administration der University of Chicago und Mitbegründerin der Fachzeitschrift Social Service Review.

27. September: 1859: Elisabet Boehm, Begründerin der

Landfrauenbewegung, geboren (gest. 30. Mai 1943). Elisabet Boehm war die Gründerin des ersten Landwirtschaftlichen Hausfrauenvereins, die Gründerin der Landfrauenorganisation in Deutschland und damit die Begründerin der Landfrauenbewegung allgemein.

28. September: 1825: Tante Hanna, deutsche Volksmissionarin, geboren (gest. 16. September 1903). Tante Hanna (bürgerlich Johanna Wilhelmine Faust) war eine deutsche Missionarin. Sie gilt als historisch bedeutsame Persönlichkeit der Evangelischen Gesellschaft für Deutschland und zählt zu den Wuppertaler Stadtoriginalen.

29. September: 1963: Helga Steudel (geb. 1939) gewinnt als erste Frau das Autobahnspinne-Rennen der 125 cm³ Klasse auf einer RT 125.

30. September: 1811: Augusta von Sachsen-Weimar-Eisenach, deutsche Kaiserin und preußische Königin, geboren (gest. 7. Januar 1890). Prinzessin Augusta Marie Luise Katharina von Sachsen-Weimar-Eisenach war als Ehefrau Kaiser Wilhelms I. Deutsche Kaiserin und Königin von Preußen.

OKTOBER

01. Oktober: 1893: Marianne Brandt, deutsche Malerin, Bildhauerin und Designerin, geboren (gest. 18. Juni 1983). Mit ihren Produktentwürfen in der Metallwerkstatt am Bauhaus, von denen einige als Design-Klassiker noch heute nachgebaut werden, zählt sie zu den bekannten Bauhaus-Künstlerinnen.

02. Oktober: 1984: Elisabeth Kopp (geboren 1936) wird als erste Frau in den Schweizer Bundesrat gewählt.

03. Oktober: 1921: Maria Schwarz, deutsche Architektin und Hochschullehrerin, geboren (gest. 15. Februar 2018).

04. Oktober: 1847: Agneta Matthes, niederländische Unternehmerin, geboren (gest. 5. Oktober 1909). Zusammen mit ihrem Mann Jacob van Marken (1845–1906) gehört sie als Anhängerin der Genossenschaftsbewegung zu den Personen in den Niederlanden, die frühzeitig die soziale Frage thematisierten und in der Arbeiterfürsorge eine Möglichkeit sahen, soziale Konflikte abzubauen.

05. Oktober: 1871: Anna Ahrens, niederdeutsche Heimatdichterin, geboren (gest. 25. März 1960).

06. Oktober: 1820: Jenny Lind, schwedische Sängerin, geboren (gest. 2. November 1887). Lind war eine schwedische Opernsängerin (Sopran), die wegen ihres hohen technischen Niveaus und ihrer kometenhaften, kontinentübergreifenden Karriere auch als „schwedische Nachtigall" in die Musikgeschichte einging.

07. Oktober: 1618: Rosina Schnorr, deutsche Unternehmerin aus dem Erzgebirge, geboren (gest. 11. November 1679). Schon frühzeitig musste sich Rosina Schnorr, nach damaligem Brauch als „Schnorrin" bezeichnet, aufgrund des spurlosen Verschwindens ihres Ehemannes auf der Reise zur Leipziger Frühjahrsmesse 1648 um dessen Geschäfte kümmern. Veit

Hans Schnorr d. Ä. besaß etliche Bergwerksanteile (Kuxe) sowie Produktions- und Verarbeitungsstätten des Montanwesens.

08. Oktober: 1920: Maxi Baier, deutsche Eiskunstläuferin, Olympiasiegerin, geboren (gest. 20. Oktober 2006) Maxi Herber, war eine deutsche Eiskunstläuferin, die im Einzellauf und im Paarlauf startete.

09. Oktober: 1791: Amalie Schoppe, deutsche Schriftstellerin, geboren (gest. 25. September 1858). Emma Sophie Katharina Amalia Schoppe war eine deutsche Schriftstellerin, die auch die Pseudonyme Adalbert von Schonen, Amalia und Marie verwendete. Sie ist vornehmlich als Kinder- und Jugendbuchautorin bekannt, verfasste aber auch zahlreiche historische Romane. Ihr Gesamtwerk umfasst 200 Bände.

10. Oktober: 1873: Else Kolshorn, deutsche Gewerkschafterin, geboren (gest. 11. Juni 1962). Sie war Mitbegründerin des Verbandes der deutschen Reichs-Post- und Telegraphenbeamtinnen und zwischen 1925 und 1931 dessen Vorsitzende.

11. Oktober: 1958: In Bonn gründet Ursula Bruns (1922-2016) mit mehreren Gleichgesinnten den Deutschen Pony-Club, der später in Islandpferde-Reiter- und Züchterverband umbenannt wird. Der Verein bezweckt insbesondere das Freizeitreiten von Islandpferden.

12. Oktober: 1814: Marianne Rhodius, deutsche Stifterin und Philanthropin, geboren (gest. 2. November 1902). Marianne Rhodius war eine wohlhabende Krefelder Bürgerin, die sich durch bedeutende Spenden zur Förderung der Wohlfahrt und Kultur einen Namen machte. Sie hinterließ beinahe ihr gesamtes

Kapitalvermögen der Stadt Krefeld für wohltätige und gemeinnützige Zwecke.

13. Oktober: 1873: Auguste Papendieck, deutsche Töpferin, geboren (gest. 13. Februar 1950). Sie war in verschiedenen Töpfereibetrieben, u. a. in Schlesien und Bremen, tätig, bevor sie 1911 in Bremen-Horn, Ortsteil Achterdieck, eine eigene keramische Werkstatt einrichtete. 1912 legte sie vor der Gewerbekammer in Bremen als erste Frau die Meisterprüfung ab.

14. Oktober: 1865: Edith Rebecca Saunders, britische Genetikerin, geboren (gest. 6. Juni 1945). Edith Rebecca Saunders war eine britische Genetikerin, Biologin und Phytotomin. J. B. S. Haldane nannte sie die Mutter der britischen Pflanzengenetik. Gemeinsam mit William Bateson legte sie zu Beginn des 20. Jahrhunderts die Grundlagen für das Verständnis der

Mendelschen Regeln, deren Forschungsergebnisse 1866 von Mendel veröffentlicht, aber von der Wissenschaft bis dahin ignoriert worden waren. Ihre intensive Erforschung der Anatomie von Blumen, wobei ihr ganz besonderes Augenmerk auf dem Gynoeceum, den Fortpflanzungsorganen der Blumen lag, sorgte für ihre hohe Anerkennung in der Fachwelt.

15. Oktober: 1831: Isabella Bishop, britische Reiseschriftstellerin, geboren (gest. 7. Oktobe 1904). Verfasste Berichte über ihre Reisen durch die ganze Welt.

16. Oktober: 1865: In Leipzig eröffnen Luise Otto-Peters und Auguste Schmidt eine dreitägige Frauenkonferenz, auf der der Allgemeine Deutsche Frauenverein als erster Frauenverein Deutschlands gegründet wird.

17. Oktober: 1720: Geneviève Thiroux d'Arconville, französische Schriftstellerin, Übersetzerin und Chemikerin geboren (gest. 23. Dezember 1805). Als Forscherin auf dem Gebiet der Chemie wurde sie für ihre Studien über Fäulnisprozesse bekannt. Ihre Arbeiten stellten Grundlagenforschung zu Zersetzungsprozessen dar. Die Ergebnisse stellte sie 1766 in dem Essai pour servir à l'histoire de la putréfaction („Aufsatz über die Geschichte der Fäulnis") vor. Sie veröffentlichte zudem, durchweg anonym, zahlreiche philosophische, literarische und historische Schriften sowie Übersetzungen. Weitere Manuskripte, die sie in zwölf Bänden hatte zusammenstellen lassen, galten lange Zeit als verloren und wurden erst 2007 wiederentdeckt. Seitdem ist eine umfangreiche Literatur über die Autorin entstanden.

18. Oktober: 1523: Anna Jagiellonica, polnisch-litauische Prinzessin, gewähltes Staatsoberhaupt Polen-Litauens geboren (gest. 9. September 1596). Anna Jagiellonica war eine polnisch-litauische Prinzessin aus dem Adelsgeschlecht der Jagiellonen. Sie war formell ab 1575 bis zu ihrem Tod, als „König" von Polen und „Großfürst" von Litauen, gewähltes Staatsoberhaupt von Polen-Litauen.

19. Oktober: 2003: Mutter Teresa (1910-1997) wird in Rom von Papst Johannes Paul II. seliggesprochen. Sechs Jahre nach ihrem Tod ist dies die bis dahin schnellste Seligsprechung der Neuzeit.

20. Oktober: 1740: Maria Theresia (1717-1780) wird zur Erzherzogin von Österreich und Königin Ungarns und Böhmens gekrönt. Die Nichtanerkennung der weiblichen Erbfolge im Sinne der Pragmatischen Sanktion durch Karl Albrecht

von Bayern und andere deutsche Fürsten ist der Auslöser für den Österreichischen Erbfolgekrieg.

21. Oktober: 1906: Lillian Gertrud Asplund, drittletzte Überlebende des Untergangs der Titanic, geboren (gest. 6. Mai 2006) Lillian Gertrud Asplund war die drittletzte Überlebende des Untergangs der Titanic und die letzte Person, die sich daran erinnern konnte.

22. Oktober: 1858: Auguste Viktoria, deutsche Kaiserin, geboren (gest. 11. April 1921). Auguste Viktoria Friederike Luise Feodora Jenny von Schleswig-Holstein-Sonderburg-Augustenburg war die Gemahlin Kaiser Wilhelms II. und als solche von 1888 bis 1918 Deutsche Kaiserin und Königin von Preußen.

23. Oktober: 1904: Anni Berger, deutsche Rosenzüchterin, geboren (gest. 1. Novenber 1990).

24. Oktober: 1929: Virginia Woolfs (1882- 1941) feministischer Essay "Ein eigenes Zimmer" erscheint.

25. Oktober: 1521: Maria Pacheco, die Witwe des im April hingerichteten Juan de Padilla, handelt zur Zeit des spanischen Comuneros-Aufstandes mit König Karl I. die Kapitulation der Stadt Toledo aus, in der sich die Rebellen aufhalten.

26. Oktober: 1909: Die französische Pilotin Marie Marvingt fährt als erste Frau einen Ballon über die Nordsee von Frankreich nach England.

27. Oktober: 1962: Die Australierin Dawn Fraser schwimmt die 100 m Freistil in 59,9 Sekunden und wird damit die erste Frau, die die Schwelle von einer Minute unterbietet.

28. Oktober: 1876: Clara Israel, deutsche Sozialarbeiterin und erster weiblicher Magistratsrat in Preußen, geboren (gest. 22. Oktober 1942).

29. Oktober: 1711: Laura Bassi, italienische Philosophin, erste Universitätsprofessorin Europas geboren (gest. 20. Februar 1778). Laura Bassi war die erste neuzeitliche Universitätsprofessorin Europas. Sie hatte eine Professur für Philosophie und später auch für Physik inne.

30. Oktober: 1860: Mathilde Freiin von Freytag-Loringhoven, deutsche Künstlerin geboren (gest. 30. Oktober 1941). Mathilde Freiin von Freytag-Loringhoven wirkte als Malerin, Grafikerin, Kunstkritikerin und Journalistin.

31. Oktober: 1971: Bei den Wahlen zum schweizerischen National- und Ständerat sind erstmals auch Frauen wahlberechtigt und wählbar.

NOVEMBER

01. November: 1920: In der Tschechoslowakei wird das Frauenwahlrecht eingeführt.

02. November: 1929: Die Pilotinnen-Vereinigung Ninety Nines wird in den Vereinigten Staaten gegründet.

03. November: 1914: Der Büstenhalter wird in den USA von Mary Phelps Jacob patentiert. Nach kurzer Zeit verkauft sie ihr Patent für 1.500 Dollar an die Warner Brothers Corset Company.

04. November: 1970: In Los Angeles wird durch eine aufmerksame Sozialarbeiterin das dreizehnjährige Wolfskind Genie entdeckt. Die Mutter hat es beim Behördenbesuch dabei. Es verbrachte die meiste Zeit bis dahin gefesselt zu Hause.

05. November: 1607: Anna Maria von Schürmann, niederländisch-deutsche Universalgelehrte, geboren (gest. 4. Mai

1678). Anna Maria von Schürmann war eine niederländische Universalgelehrte, die zu ihrer Zeit als „der Stern Utrechts" für ihre Talente weithin bewundert wurde. Sie war eine der ersten Studentinnen Europas.

06. November: 1901: Kathleen Mary Drew-Baker, britische Algologin, geboren (gest. 1957). Ihre Erforschung des Lebenszyklus der Rotalge Porphyra umbilicalis führte zum Durchbruch der kommerziellen Nutzung von Nori in Japan.

07. November: 1867: Marie Curie, französisch-polnische Chemikerin und Physikerin, zweifache Nobelpreisträgerin, geboren (gest. 4. Juli 1934). Sie untersuchte die 1896 von Henri Becquerel beobachtete Strahlung von Uranverbindungen und prägte für diese das Wort „radioaktiv". Im Rahmen ihrer Forschungen, für die ihr 1903 ein anteiliger Nobelpreis für Physik und 1911 der Nobelpreis für Chemie

zugesprochen wurde, entdeckte sie gemeinsam mit ihrem Ehemann Pierre Curie die chemischen Elemente Polonium und Radium. Marie Curie ist die einzige Frau unter den vier Personen, denen bisher mehrfach ein Nobelpreis verliehen wurde, und neben Linus Pauling die einzige Person, die Nobelpreise auf zwei unterschiedlichen Fachgebieten erhielt.

08. November: 1755: Dorothea Viehmann, deutsche Märchenerzählerin französischer Abstammung, geboren (gest. 17. November 1815). Dorothea Viehmann war eine der wichtigsten Quellen für Grimms Märchen. Die Brüder Grimm veröffentlichten Dorothea Viehmanns Erzählungen vor allem im zweiten Band ihrer Kinder- und Hausmärchen.

09. November: 1893: Ena Rottenberg, ungarisch-österreichische

Kunstgewerblerin, Glasmalerin und Keramikerin, geboren (gest. 4. Juni 1952).

10. November: 1903: Mary Anderson (1866-1953) erhält das Patent auf die erste funktionierende Scheibenwischanlage der Welt.

11. November: 1847: Marie Andree-Eysn, österreichische Volkskundlerin, Botanikerin und Sammlerin geboren (gest. 13. Januar 1929).

12. November. 1870: Minna Bachem-Sieger, deutsche Politikerin, Frauenrechtlerin und Dichterin, geboren (gest. 15. April 1939).

13. November: 1715: Dorothea Christiane Erxleben, erste promovierte

deutsche Ärztin, geboren (gest. 13. Juni 1762). Dorothea Christiane Erxleben war die erste promovierte deutsche Ärztin (1754) und eine Pionierin des Frauenstudiums.

14. November: 1889: Die Reporterin Nellie Bly (1864-1922) startet im Auftrag der New York World den Versuch, Jules Vernes Reise um die Erde in 80 Tagen tatsächlich umzusetzen. Nach der Rekordzeit von 72 Tagen kehrt sie nach New York City zurück.

15. November: 2004: Die katholische Theologin Brigitte Proksch wird als erste Frau in das Leitungsteam eines Priesterseminars in Österreich, des Internationalen Priesterseminars Carisianum in Innsbruck, berufen.

16. November: 1900: Eliška Junková, tschechoslowakische Automobilrennfahrerin, geboren (gest. 5. Januar 1994).

17. November: 2000: Niki de Saint Phalle (1930-2002) wird zur Ehrenbürgerin der Stadt Hannover ernannt und vermacht aus diesem Anlass 300 ihrer Werke dem dortigen Sprengel-Museum.

18. November: 1887: Lucia Apicella, italienische Philanthropin, geboren (gest. 23. Juli 1982). Lucia Apicella war eine italienische Philanthropin, die 1951 als Würdigung ihrer Sorge für gefallene deutsche Soldaten ausgezeichnet wurde.

19. November: 1886: Dolly Shepherd, britische Fallschirmspringerin, geboren (gest. 21. September 1983). Sie begann ihre

Fallschirmspringerkarriere 1904 nach der damals obligatorischen 30-minütigen Ausbildung mit einem Sprung aus einem Ballon bei einer Flugschau, bei der die Fallschirmspringertruppe um Auguste Gaudron Vorführungen durchführte. Der Sprung war so erfolgreich, dass Gaudron ihr eine Stelle in seiner Truppe anbot. Im Laufe der Zeit absolvierte sie mehr als 200 Absprünge, meistens aus Ballons.

20. November: 1858: Selma Lagerlöf, schwedische Schriftstellerin, Nobelpreisträgerin, geboren (gest. 16. März 1940). Sie ist eine der bekanntesten Schriftstellerinnen des Landes; ihre Werke zählen zur Weltliteratur. 1909 erhielt sie als erste Frau den Nobelpreis für Literatur und wurde 1914 als erste Frau in die Schwedische Akademie aufgenommen. Lagerlöf verfasste geistliche, fantasievolle und heimatverbundene Werke sowie Kinderbücher. 1906/1907 erschien Die wunderbare Reise des kleinen Nils

Holgersson mit den Wildgänsen, eines der populärsten Bücher Selma Lagerlöfs.

21. November: 1840: Victoria von Großbritannien und Irland, Königin von Preußen und deutsche Kaiserin, geboren (gest. 5. August 1901). Victoria, war als erstes Kind von Albert von Sachsen-Coburg und Gotha und Königin Victoria von Großbritannien eine britische Princess Royal aus dem Hause Sachsen-Coburg und Gotha. Als Gemahlin Friedrichs III. war sie 1888 Königin von Preußen und Deutsche Kaiserin.

22. November: 1766: Charlotte Luise Antoinette von Lengefeld, sächsische Adelige, Ehefrau von Friedrich Schiller, geboren (gest. 9. juli 1826).

23. November: 2005: Ellen Johnson Sirleaf wird als gewählte Präsidentin Liberias trotz einer Beschwerde ihres Mitbewerbers durch die Wahlkommission bestätigt. Sie ist damit erstes gewähltes weibliches Staatsoberhaupt auf dem afrikanischen Kontinent.

24. November: 1805: Luise Grimm, deutsche Fotografin und Malerin, geboren (gest. 29. Dezember 1876).

25. November: 1865: Kate Gleason, US-amerikanische Ingenieurin und Erfinderin des Fertighauses, geboren (gest. 9. Januar 1933). Kate Gleason war eine US-amerikanische Ingenieurin und Geschäftsfrau, die wegen ihres Berufes, in dem überwiegend Männer arbeiteten, und ihres humanitären Engagements bekannt wurde. Sie war zudem das erste weibliche Mitglied der American Society of

Mechanical Engineers und gilt als Erfinderin des Fertighauses aus Beton.

26. November: 1827: Ellen G. White, US-amerikanische Mitbegründerin und Prophetin der Siebenten-Tags-Adventisten, geboren (gest. 16. Juli 1915). Ellen Gould Harmon White. Die meiste Zeit ihres Lebens verbrachte sie in den Vereinigten Staaten. Von 1885 bis 1887 besuchte Ellen White verschiedene Länder in Nord- und Westeuropa und von 1891 bis 1900 lebte sie in Australien.

27. November: 1850: Helene von Mülinen, Schweizer Frauenrechtlerin, geboren (gest. 11. März 1924). Margareta Rosalie Helene von Mülinen war eine der wichtigsten Personen im Kampf um das schweizerische Frauenstimmrecht. Von vielen wird sie noch heute als eine der Gründermütter der organisierten Schweizer Frauenbewegung betrachtet.

28. November: 1912: Leiva Petersen, deutsche Verlegerin und Altphilologin, geboren (gest. 17. April 1992).

29. November: 1876: Nellie Tayloe Ross, US-amerikanische Politikerin, Gouverneurin von Wyoming, erster weiblicher Gouverneur der USA, geboren (gest. 19. Dezember 1977).

30. November: 1767: Elisabeth zu Fürstenberg, deutsche Adelige, Vertreterin der mediatisierten deutschen Reichsstände, geboren (gest. 21. Juli 1822).Maria Elisabeth Alexandrina Augusta Carolina Josepha Walburga, Fürstin zu Fürstenberg war 1806 bis 1816 eine treibende Kraft der mediatisierten deutschen Reichsstände, die versuchten ihre alten Privilegien wiederzugewinnen. Auf dem Wiener Kongress bat sie in deren Namen am 22.

Oktober 1814 den österreichischen Kaiser Franz, die deutsche Kaiserkrone wieder anzunehmen.

DEZEMBER

01. Dezember: 1919: Lady Nancy Astor (1879-1964) nimmt nach ihrer Wahl am 28. November ihren Sitz als erstes weibliches Parlamentsmitglied Englands ein.

02. Dezember: 1727: Caroline von Keyserling, Königsberger Adelige, Künstlerin und Gesellschaftsdame, geboren (gest. 24. August 1791). Gräfin Caroline Charlotte Amalie von Keyserling war eine Künstlerin und Gesellschaftsdame im Zeitalter der Aufklärung. Mit ihrem Mann unterhielt sie in Königsberg den berühmten Musenhof der Keyserlings. Hochbegabt und aufgeschlossen für alles Schöne, war

Caroline für Johann Friedrich Reichardt „eine prächtige, königliche Frau", für Immanuel Kant „die Zierde ihres Geschlechts".

03. Dezember: 1838: Octavia Hill, britische Sozialreformerin, Begründerin des National Trust, geboren (gest. 13. August 1912). Sie war eine britische Sozialreformerin. Sie war eine treibende Kraft bei der Entwicklung des sozialen Wohnungsbaus in den Städten, besonders in London, in der zweiten Hälfte des 19. Jahrhunderts − welches in die Gründung des National Trust führte. Octavia Hill gilt als Pionierin der Hausverwaltung und war zwischen 1905 und 1912 Mitglied der Royal Commission on the Poor Laws.

04. Dezember: 1791: Jane Griffin, britische Adelige und Abenteuerin, geboren (gest. 18. Juli 1875). Sie war eine britische Abenteurerin des viktorianischen Zeitalters

und wurde bekannt als die Ehegattin des Polarforschers Sir John Franklin, dessen Expedition in der kanadischen Arktis auf der Suche nach der legendären Nordwestpassage spurlos verschwand.

05. Dezember: 1890: Katharina Aline Ahlmann, deutsche Unternehmerin, geboren (gest. 15. Juni 1963). Sie war eine deutsche Unternehmerin. Sie war die Leiterin des größten Stahlwerkes Norddeutschlands und maßgebliche Arbeitgeberin in Schleswig-Holstein.

06. Dezember: 1774: Das Bildungssystem in Österreich wird von Kaiserin Maria Theresia neu gestaltet. Sie erlässt die von Johann Ignaz von Felbiger konzipierte Allgemeine Schulordnung, die eine sechsjährige Unterrichtspflicht in der Volksschule, einheitliche Lehrbücher und eine geregelte Lehreraus- und Fortbildung festlegt.

07. Dezember: 1720: Henriette Amalie von Anhalt-Dessau, deutsche Adelige und Stifterin, geboren (gest. 5. Dezember 1793). Sie war eine Prinzessin aus dem Haus der Askanier, Stiftsdame des Stifts Herford und Sammlerin. Ihre Gemäldesammlung bildete den Grundstock der Anhaltischen Gemäldegalerie Dessau, wo sie noch heute aufbewahrt wird.

08. Dezember: 1741: Marie-Elisabeth Colomb, preußische hugenottische Kaufmannstochter, Mutter von Wilhelm und Alexander von Humboldt, geboren (gest. 19. November 1796).

09. Dezember: 1998: Ruth Dreifuss (geb. 9. Januar 1940) wird als erste Frau von der Vereinigten Bundesversammlung in Bern zur Bundespräsidentin der Schweiz für das Jahr 1999 gewählt.

10. Dezember: 1815: Ada Byron of Lovelace, britische Mathematikerin, geboren (gest. 27. November 1852). Sie arbeitete mit Charles Babbage an der von ihm entwickelten Analytical Engine. Die Analytical Engine wurde zwar niemals fertig gestellt, aber Ada Lovelace erkannte das gewaltige Potential dahinter besser als ihr Erfinder Babbage, der bloß eine Rechenmaschine herstellen wollte. Dies manifestierte sich 1843 in selbst hinzugefügten Notizen zu ihrer Übersetzung eines Artikel von L. F. Menabrea über die Analytical Engine, die dreimal so lang waren wie der ursprüngliche Text. Die Erkenntnis, dass die Maschine mehr als nur Zahlen verarbeiten könnte, war bahnbrechend, dies wurde jedoch zu ihrer Lebzeit nicht erkannt. Aus ihrem schriftlichen Plan ging hervor, wie Bernoulli-Zahlen mit der Maschine berechnet werden können. Lovelace formulierte hier die Grundidee der Informatik: die systematische Verarbeitung

von Informationen. Daher gilt sie für manche Historiker als erste Programmiererin der Welt.

11. Dezember: 1863: Annie Jump Cannon, US-amerikanische Astronomin, geboren (gest. 13. April 1941). Bekannt wurde sie durch den Merksatz Oh, Be A Fine Girl – Kiss Me!, welcher Generationen von Astronomen die Reihenfolge der Spektralklassen beigebracht hat.

12. Dezember: 1718: Elisabeth Dorothea von Wiser, pfälzische Gräfin, Grundherrin und Wohltäterin des Dorfes Friedelsheim, geboren (gest. 8. Februar 1771).

13. Dezember: 1919: Marie Juchacz (1879-1956) gründet in Deutschland, unter dem Namen Hauptausschuss für

Arbeiterwohlfahrt in der SPD, die Arbeiterwohlfahrt.

14. Dezember: 1795: Elisabetha Grossmann, Schweizer Schifferin, geboren (gest. 20. März 1858). Grossmann, genannt La belle batelière de Brienz («Die schöne Schifferin von Brienz»), war eine Schweizer Schifferin am Brienzersee. Sie galt zu Beginn des 19. Jahrhunderts als Touristenattraktion im Berner Oberland und war dort eine der bekanntesten Frauen.

15. Dezember: 1908: Melitta Bentz (1873-1950) gründet zusammen mit ihrem Mann Hugo das Unternehmen Melitta, das die für die Erfinderin als Gebrauchsmuster geschützte Filtertüte wirtschaftlich verwerten soll.

16. Dezember: 1858: Agnes Baden-Powell, britische erste Weltführerin der Pfadfinderinnen (gest. 2. Juni 1945).

17. Dezember: 1706: Émilie du Châtelet, französische Mathematikerin, Physikerin, Philosophin, Übersetzerin und Salonière, geboren (gest. 10. September 1749) . Sie war eine französische Mathematikerin, Physikerin, Philosophin und Übersetzerin der frühen Aufklärung. Gemeinsam mit Voltaire verfasste sie die Elemente der Philosophie Newtons. Außerdem übersetzte sie Newtons Philosophiae Naturalis Principia Mathematica und verband Newtons mit Leibniz' Denken. Überdies forderte sie die Teilhabe von Frauen an allen Menschenrechten.

18. Dezember: 1718: Anna Leopoldowna, Großfürstin und Regentin Russlands, geboren (gest. 18. März 1746).

Sie war durch Heirat Prinzessin von Braunschweig-Wolfenbüttel sowie von 1740 bis 1741 als Großfürstin Regentin des Russischen Kaiserreichs. Als Urenkelin des Zaren Alexei Michailowitsch war sie mütterlicherseits eine mittelbare Nachfolgerin zum russischen Zarenthron.

19. Dezember: 1778: Marie Thérèse Charlotte de Bourbon, Titularkönigin von Frankreich, geboren (gest. 19. Oktober 1851). Sie war das älteste Kind des französischen Königs Ludwig XVI. und der Königin Marie Antoinette von Österreich. Sie gilt als die einzige Überlebende der Königsfamilie während der Französischen Revolution.

20. Dezember: 1899: Käthe Augenstein, deutsche Fotografin, geboren (gest. 29. Dezember 1981). Zu ihrem Werk gehören bedeutende Porträtaufnahmen zu

Beginn der 1930er Jahre in Berlin und ab den späten 1940er Jahren im Rheinland.

21. Dezember: 1898: Marie und Pierre Curie entdecken das chemische Element Radium.

22. Dezember: 1938: An der Ostküste Südafrikas stößt Marjorie Courtenay-Latimer, Kuratorin am Museum of East London, im Fang eines Trawlers auf einen Fisch, der am 16. Februar 1939 von James Leonard Brierley Smith als Komoren-Quastenflosser, eine Art der seit dem Ende der Kreidezeit als ausgestorben geltenden Quastenflosser, ein sogenanntes „lebendes Fossil", identifiziert wird.

23. Dezember: 1849: Stine Andresen, deutsche Schriftstellerin, geboren (gest. 13. Mai 1927) Sie war eine deutsche

Schriftstellerin von der Insel Föhr. Ihre Lyrik ist oft auf ihre Heimatinsel bezogen. Neben Gedichten in deutscher Sprache verfasste sie auch einige in nordfriesischer Sprache.

24. Dezember: 1837: Elisabeth Amalie Eugenie, Kaiserin von Österreich und Königin von Ungarn, Herzogin in Bayern, geboren (gest. 10. September 1898). Sie war eine Prinzessin aus der herzoglichen Nebenlinie Pfalz-Zweibrücken-Birkenfeld-Gelnhausen des Hauses Wittelsbach, durch ihre Heirat mit ihrem Cousin Franz Joseph I. ab 1854 Kaiserin von Österreich und ab 1867 Apostolische Königin von Ungarn. Die Geschwister nannten sie „Sisi".

25. Dezember: 1821: Clara Barton, US-amerikanische Krankenschwester, Lehrerin und Philanthropin, Gründerin des Amerikanischen Roten Kreuzes, geboren (gest. 12. April 1912).

26. Dezember: 1874: Rose Stoppel, deutsche Professorin für Botanik, geboren (gest. 30. Januar 1970). Sie war die erste Professorin für Botanik in Deutschland. Ihr offizielles botanisches Autorenkürzel lautet „Stoppel".

27. Dezember: 1679: Maria Renata Singer von Mossau, deutsches Opfer der Hexenverfolgung, Nonne und Superiorin im Kloster Unterzell, geboren (gest. 21. Juni 1749) Sie war Subpriorin des Klosters Unterzell und das letzte Opfer der Hexenverfolgungen im Hochstift Würzburg und vermutlich letzte als Hexe angeklagte Frau Frankens.

28. Dezember: 1722: Eliza Lucas Pinckney, US-amerikanische Pflanzerin, geboren (gest. 26. Mai 1793) Sie war eine amerikanische Pflanzerin. Als

Sechzehnjährige übernahm sie während der kriegsbedingten Abwesenheit ihres Vaters die Leitung seiner drei Plantagen in South Carolina. Ihr ist die erstmalige Kultivierung und Verbreitung der Indigopflanze in den Vereinigten Staaten zu verdanken. Der blaue Farbstoff war in Europa sehr gefragt und veränderte die Wirtschaft South Carolinas gravierend. Indigo wurde nach Reis zur zweitwichtigsten Exportware der Kolonie und deckte mehr als ein Drittel der Einnahmen durch Exporte ab. Während Eliza selbst ursprünglich England loyal war, kämpften ihre Söhne Charles Cotesworth Pinckney und Thomas Pinckney später beide im Amerikanischen Unabhängigkeitskrieg gegen die Briten. Da sie Abschriften ihrer Briefe in ihrem Notizbuch anfertigte, sind sie noch heute erhalten und zählen zu den bedeutendsten, persönlichen Zeitdokumenten amerikanischer Frauen des 18. Jahrhunderts.

29. Dezember: 1879: Ellen Gleditsch, norwegische Chemikerin, geboren (gest. 5. Juni 1968) Sie war eine norwegische Chemikerin und Frauenrechtlerin. Ab 1929 war sie Professorin für anorganische Chemie an der Königlichen Frederiks-Universität (ab 1939 Universität Oslo) und damit Norwegens zweite Professorin. Im frühen 20. Jahrhundert war sie Assistentin von Marie Curie. Sie war Vizepräsidentin der Norsk Kvinnesaksforening von 1937 bis 1939.

30. Dezember: 1837: Marie Lipsius, deutsche Schriftstellerin und Musikhistorikerin, geboren (gest. 2. März 1927).

31. Dezember: 1706: Johanna Magdalena von Gersdorf, deutsche Kirchenlieddichterin, geboren (gest. 17. Dezember 1744).

© 2022 Peter K Stumpf
Herstellung und Verlag: BoD – Books on Demand,
Norderstedt
ISBN: 9783756276455